JN411096

한줄기 위안

소소한 일상 속

정준기 교수의 힐링 에세이

도서출판 지누

목 차

추천사

박용휘 | 서울성애병원 펫 · 시티센터 소장, 가톨릭의대 명예교수, 대한핵의학회 명예회장

우리 인간에게는 여러 갈래로 영원히 사는 길이 열려있다고 본다. 으뜸가는 길은 신앙이고, 다른 길은 학문과 글과 예술과 건축과 음악과 봉사이다. 공부를 하는 일, 글을 쓰는 일, 그림을 그리는 일, 조각을 하는 일, 건설을 하는 일, 작곡을 하는 일, 연주를 하는 일, 남을 위해 봉사하는 일은 모두 신앙에 못지않게 소중한 인간만이 성취 할 수 있는 길이라고 생각한다. 그런 일들은 우리로 하여금 그런대로 시간과 공간을 초월할 수 있게 하지 않겠는가.

그 중에서도 글은 사람의 생각과 정신과 영혼을 세밀하고 적절하게 표현하기에 가장 알맞은 신비스러운 도구이다. 드높은 종교의 가르침은 말할 나위도 없고, 공자나 맹자, 노자나 장자의 생각이 우리에게 그대로 전달되고 있는 것이나, 플라톤, 소크라테스, 아리스토텔레스 그리고 호머의 생각이 현대인에게 다가오는 것은 오로지 글을 통해서이다.

각자가 세상을 살면서 보고, 듣고, 겪고, 느끼고, 터득한 것은 바닷가 모래알이나 하늘의 별만큼 헤아릴 수 없이 많고 다양하다. 또한 그 하나하나가 모두 나름대로의 의미와 가치가 있는 것이어서 모두 소중하다. 큰 것은

큰 것대로, 작은 것은 작은 것대로, 긴 것은 긴 것대로, 짧은 것은 짧은 것대로 모두 존재 의미가 충분히 있는 것이다. 음과 양, 빛과 그늘, 선과 악이 함께 존재한다는 것 보다 훨씬 더 이치에 맞는 말인 것 같다. 무엇이 좋고 무엇이 그렇지 않은 가는 시각視角에 따라 다르고, 같은 것도 보는 사람에 따라 의미가 다를 수 있다. 써놓은 글의 격 즉, 서격書格은 글의 대상이 무엇이고 또 그것이 크고 작으냐가 아니라, 그것을 어떻게 보았고 어떻게 느꼈으며 어떻게 사유했나가 아니겠는가?

정준기 교수는 그간 바쁜 진료와 연구 틈 사이사이에서 많은 주옥같은 글을 단상斷想으로 진지하게 엮어내 왔다. 한 구절 한 구절이 모두 소박하고, 솔직하고, 정답고, 자상하고, 다양하고, 틀에 얽매이지 않아 읽는 사람으로 하여금 산과 들에 자유로이 피어있는 꽃을 떠올리게 한다. 봄에 피는 진달래와 개나리, 여름에 피고 지는 이름 모를 꽃들, 가을을 수놓는 코스모스와 들국화와 같이. 어떤 글은 푸른 하늘 아래 하늘거리고, 어떤 글은 구름 낀 하늘 아래 우수에 잠겨 있으며, 어떤 글은 비에 젖어 눈물을 흘리고 있다. 그러는 굽이굽이에서 정 교수는 희로애락을 넘어 삶의 피안을 꿰뚫고 있기도 한다.

글이란 이같이 있는 그대로를 다소곳한 마음으로 적어내려 갈 때, 억만의 언변보다도 더 심금을 울리게 하는 것이 아닐까. 죽마고우, 입맞춤, 연건동 생활, 한글 같기도 하고 영어 같기도 한 야릇한 우리 영문 성씨, 소나타, 교향곡, 인연, 법정스님, 미국 대학병원에서 만난 그루지야의 왕자 이야기……. 나는 정준기 교수의 이토록 풍성한 인간미 넘치는 인생을 알게 된 것을 비할 수 없는 행운으로 여기고 또 그 인연에 깊이 감사한다.

남아프리카공화국의 사파리 캐빈에서

프롤로그

졸저拙著 〈젊은 히포크라테스를 위하여〉를 출판하고 나서 1년이 훌쩍 넘었다. 그 동안은 마치 첫 아이를 낳아 서투르지만 그래도 재미있게 아이를 키우는 엄마의 마음으로 지냈다. 아마도 의학을 전공한 내가 처음 시도한 외출이었기 때문이리라.

'행복은 변화하는 상태에서 생긴다' 고 들은 적이 있다. 연애나 사업은 점점 남녀가 가까워지고 회사가 커져가는 과정에서 즐겁고 보람이 있지, 부부나 재벌이 되었다고 더 행복하지 않다는 뜻이다. 육십 평생을 의학에만 머물러 있던 나는 수필을 쓰기 시작하면서 생기는 변화에 뜻밖의 즐거움을 느꼈다. 내 생각이 활자화되어 정리되는 것이 신기하기도 했다.

더욱이 많은 가까운 분들이 내 서투른 글을 넉넉한 마음으로 읽어 주시고 사랑해 주셔서 행복했다. 내 어설픈 생각을 교회의 목자같이 반겨주시고 관세음보살과 같이 이해하여 주셨다. 이 자리를 빌려 모든 분에게 깊은 감사를 드린다.

지난날의 실수와 좌절이 지금의 나를 만드는 밑거름이 되었다고 믿는다. 인생살이의 고통이 큰 만큼, 생명의 환희도 더 크다. 산이 높으면 계곡도 깊기 때문이다.

과분한 격려에 힘입어 다시 한 권을 내려고 한다. 이번에는 의료와 의학 외에 나의 과거와 일상을 주로 다루고 있다. 의과대학이라는 온실 속에서 한평생을 지내와 인생에 대한 식견은 부족하고 세상을 보는 눈이 편중되어 있다. 그러나 색맹환자도 나름대로 세상의 아름다움을 느끼듯이 외길인생을 살아온 필자도 세상과 인간사에 몇 가지 단상斷想을 가지고 있다. 이 책에는 두서없지만, 그동안 나에게 있었던 일들과 생각을 꾸밈없이 적어 보았다.

지난날의 실수와 좌절이 지금의 나를 만드는 밑거름이 되었다고 믿는다. 인생살이의 고통이 큰 만큼, 생명의 환희도 더 크다. 산이 높으면 계곡도 깊기 때문이다. 좌절로 괴로운만큼 성공의 즐거움이 배가된다. 이 글이 삶에 지친 여러분에게 한줄기의 위안이 되었으면 하는 바람이다. 우리가 사람을 소중하게 생각할 때 하찮아 보이는 인생사 하나하나가 의미가 있다고 믿는다. 이러한 가운데 어느새 인간에 대한 사랑으로 연결되리라.

이 책이 나오기까지 여러분의 호의와 도움을 받았다. 먼저 우리 부부에게 생명을 주시고 인연을 맺어주신 부모님들께 감사드린다.

우리 가족, 특히 아내와 삼 남매, 사위와 손자들에게서 항상 삶의 활력을 받을 수 있었다. 많은 조언을 주신 권미혜 선생님, 김영임 교수님, 조광현 교수님께 고맙고, 도서출판지누 박성주 사장님의 크나큰 후의에 감사드린다.

최근에 평생 은사이신 고창순 선생님께서 안타깝게도 돌아가셨다. 누구보다도 내 글을, 내 수필집을 아끼고 사랑해 주신 아버님 같은 스승이셨다. 지금의 내가 작으나마 업적이 있다면 다 선생님 덕분이다. 이 책을 만들 수 있던 것도 끊임없는 선생님의 격려 덕분이었다. 감사와 존경의 마음을 가득히 담아 이 에세이집을 고창순 교수님께 바친다.

2012년 10월
시계탑에서
정준기

1. 죽마지우竹馬之友

2. 빼앗긴 입술

3. 사십 년 만의 만남

4. 한국의 Mr. Chips 김창현 선생님

5. 특별한 기숙사 정영사

6. 미숙한 의사

7. 나의 클래식 음악 이야기

8. 가지 않은 길

9. 동위방 삼총사의 우정

10. 가짜 진단서의 효과

11. 잊지 못하는 제자

1장. 추억, 내 앞에 서다

죽마지우竹馬之友

대말을 타고 놀던 벗이라는 뜻으로, 어릴 때부터 같이 놀며 자란 벗.
그와의 우정은 내 인생 마라톤에 큰 힘이 되고 있다.

'죽마지우竹馬之友' 라는 네 글자는 대나무 말을 타고 같이 놀던 친구라는 뜻이다. 대나무로 만든 말은 옛 중국 아이들의 장난감으로, 죽마지우는 어릴 때의 친구를 말한다. '죽마고우竹馬故友' 라고도 하여 옛 친구임을 강조하기도 한다. 나에게는 태어나서부터 세 살까지 같이 지낸 친구가 있다. 이런 경우는 죽마고우보다도 전 단계이니, 'x알 친구' 라는 표현이 더 가까우나, 예의상 사용하지 않겠다.

우리 부모님은 결혼 후 아버지 직장이 있는 서울에서 신접살림을 하다가 곧 한국전쟁이 나서, 충청남도 예산군 삽교에 있는 고향으로 피난을 갔다. 전선이 안정되자 아버지는 고향에서 직장에 복귀하여 예산역 앞의 출장소에서 근무했다. 전쟁이 끝나갈 무렵인 1953년에 회사 사택에서 나를 낳고 3년이 지난 후 서울로 올라왔다. 태어나서 삼년동안 사택 이웃집에 살던 동갑내기 남자 아이 L이 있었다고 한다. 물론 그때의 기억은 전혀 없으나 어려서부터 부모님에게서 이야기를 들어왔고, 아기일 때 같이 찍은 사진도 몇 장 보았다. 우리가 다시 만난 때가 초등학교 4학년 겨울방학이었다.

회사 동료였던 아버지 끼리 연락이 되어, 천안에 사는 L을 우리 집에 데리고 왔다. 인연이 다시 이어진 것이다. 여자 누이만 있는 나와 형제자매가 없는 외톨이인 그는 금방 친해져서, 방학이 되면 서울과 천안을 서로 오고 갔다.

우리나라는 모든 것이 서울에 집중되어 있다. 그때는 지방자치제도도 없던 시절이니 서울과 지방의 격차는 더 심했다. 오죽하면 '대한민국은 서울공화국' 이라고 했을까? L은 서울에 사는 나를 부러워했고, 방학이면 서울에 자주 올라왔다. 내 경우는 방학이면 천안에 내려가 시골생활을 맛 볼 수 있었다. L은 천안에서 공업고등학교를 다녔다. 서울에서 대학입시를 준비하던 나는, 노는 세상이 다른 그의 친구들과 만나 이야기하는 것이 재미있었다. 내가 보기에, 당시에는 남녀학생 간의 교제가 서울보다 지방에서 더 활발했다. 한참 사춘기라 자주 등장한 여학생 교제에 관한 에피소드도 흥미로웠다. 또 집안 사정 때문에 실업고등학교를 진학한 이들의 생활, 현재와 장래에 대한 생각 등을 접할 수 있었다.

공업고등학교를 졸업하고, L은 수원에 있는 공장에 취직했다. 대학교에 입학한 나는 집에 경제적 여유도 있는 그가 공장생활을 하는 것이 안타까워서 진학을 부추겼다. 그런데 대학에 가겠다고 결심한 아들에게 고지식한 L의 아버지는 "그는 공부할 머리가 아니다"라고 반대하는 게 아닌가! 결국에는 타협하여, 천안에 새로 생긴 공업전문대학교에 입학했다. 전문대학교에 다녔지만, 실제 공부에는 크게 관심이 없어 했다. 얼굴이 반반한 L은 사귀는 여자도 많았다.

친한 친구지만 솔직히 말해 그를 높게 평가하지는 않았다. 항상 공부해야 하는 의대생인 입장에서 볼 때, 매사를 열심히 하지 않고 빈둥거리는 것 같은 그가 걱정이 되어 충고도 했다. 우리 집에 나를 만나러 왔다가 내가 바쁘면 우리 누이들 하고 놀다가 가곤 했다.

그는 전문학교 졸업 후 직장생활을 조금하다가 부산에서 조그마한 사업을 시작했다. 여러 경험을 쌓은 후 대전으로 올라와 현재는 예식장을 운영하고 있다. 예식장 운영에 전력을 다하고 새로운 아이디어를 많이 도입했다. 궁전 모양의 예식장 외형, 뷔페식 피로연, 여대생 도우미 등등. 이러한 노력이 성과가 있어 이제는 사업이 자리를 잡았고 경제적 여유도 생겼다.

사실 L과 나는 공통점이 별로 없다. 생활하는 환경도 다르고, 생각하는 것도 다르고, 하는 일도, 만나는 사람도 전혀 다르다. 그러나 오히려 이 전혀 다른 세계가 우리를 가깝게 했다. 무의식 속에 있는 갓난아이 때 우정을 밑바탕으로, 서로 관심을 가지고 상대방을 이해하고 그 세계에 어울리려고 노력했다. 이것이 세상을 보는 우리 안목을 다소나마 넓혔다고 자부한다. 예를 들어, L의 어머니가 돌아가셨을 때이다. 마침 그 날 노무현 전 대통령이 자살했다. 영안실의 화제도 온통 그 사건뿐이었다. 공장에 다니는 L의 친구들은 자살은 잘못된 행동이지만, 오죽하면 그랬겠냐고 동정하는 분위기가 역력했다. 노 대통령에 대한 동료의식과 애정이 바탕에 깔려있었다. 내가 속해있는 집단과는 사뭇 달랐다. 같은 사건에도 개인과 집단에 따라 평가가 다르다는 것을 실감했고, 양쪽 입장을 어느 정도는 이해할 수 있었다.

우리는 서로의 인생에 좋은 영향을 주었다고 생각한다. 서로 텔레파시가 통하는지 그 친구 생각이 나면 그쪽에서 먼저 전화가 오곤 한다. 식구와 다름없는 친구가 있다는 사실이 내가 살아가는데 큰 힘이 되었다. 내가 어려울 때나 외로울 때 그는 내 곁에 있을 것이다. 나라는 존재도 L의 성공에 미약한 도움이 되었을 것이다.

이제 만난 지 거의 60년이 되간다. 우리 둘을 비교하면서 가끔 자문하곤 한다. 젊었을 때는 내가 더 장래가 유망하게 보였는데, 현재는 서로 차이가 없다. 오히려 자본주의 사회의 척도인 부富에 있어서는 그가 더 성공했다. 물론 한 사람이 명예와 부를 다 가질 수는 없는 거지만. 인생 마라톤의 스타트 라인에서 같이 출발한 우리는 초반에 내가 앞서기 시작하여 중간지점까지 거리 차이가 나다가, 후반으로 넘어가면서 차이가 많이 좁혀졌고, 관점에 따라서는 역전되고 있다. 물론 달리는 중간 중간 물도 나누어 먹고 잘 뛰도록 서로 이끌며 격려해주고 있다.

나의 남은 바람은 이 마라톤을 완주하는 것이다. 관중의 박수 소리를 들으며 스타디움에 둘이 나란히 들어와 결승점을 통과하고 싶다. 경주 기록이나 순위가 이제 와서 무슨 의미가 있겠는가?

죽마고우보다 더 오랜 친구, 그와의 우정은 내 인생 마라톤에 큰 힘이 되고 있다.

빼앗긴 입술

포유류의 입 가장자리 위아래에 도도록이 붙어 있는 얇고 부드러운 살.
우리는 한눈에 서로를 알아보고, 말없이 얼굴만 붉혔다.

나는 1959년부터 1965년까지 영등포초등학교를 다녔다. 그 당시에도 영등포는 공장지역으로, 인구가 많았고 아이도 많이 낳아 우리 학교가 서울에서 가장 큰 학교였다. 한 학년이 14반 이나 되었고, 한 반에 70여 명이 공부했으니 한 학년 전체가 거의 1,000명인 셈이었다.

학교는 우리 집에서 2.5km 정도 떨어져 있었다. 누나는 집 근처에 있는 초등학교에 다니고 있었는데, 1959년 4월 입학 당시 웬일인지 나는 2명의 동네아이와 함께 집에서 먼 영등포초등학교에 배정되었다. 두 남자아이와 한 여자아이의 부모들은 서로 의논하여 아이들을 같은 반으로 배정시키고 어머니들이 번갈아 가며 등하교를 동반하기로 하였다.

따라서 우리 셋은 1년 동안 같이 붙어 다녔다. 남자 친구는 큰 체격에 용모가 수려하고 아버지가 운수업을 하여 집이 부유하였다. 여자 아이는 경찰관의 딸로 우리보다 키도 크고 성숙하였다. 본래 작은 체격에다가 생일이 3월이라 가까스로 6살에 입학하여 나이도 적은 나는, 입학생 중에 가장 왜소하였다. 더구나 몸이 유연하지 않고 발음도 어눌하여, 야외수업으로 무용과 노래를 주로 배우는 1학년 초에는 어수룩하기 짝이 없었다. 특히 그 시절에는 드물게 유치원을 다녀 춤과 노래가 익숙했던 남자친구와 비교하면 나는 거의 열등아 수준이었다.

우리를 데리고 등교시키면서 어머니들은 교육적인 이야기를 재미있게 해 주었고, 또 수업 중에 뒷자리에서 우리들을 감독하기도 했다. 하교 길에는 자연히 그 날 공부한 내용과 수업 태도를 이야기하곤 하였다. 입학한지 한 달이 되어 교실에서 책으로 공부하면서부터 학교생활에 겨우 적응하던 나는, 종종 수업 태도와 자세가 나쁘다고 어머니에게 야단맞고는 했다.

어른들은 항상 같이 다니는 우리 셋을 귀여워하면서 엉뚱한 질문도 하였다. 특히 여자 아이에게 나중에 남자 둘 중 누구에게 시집가겠냐고 물어보곤 하였다. 여자애는 매번 나와 결혼한다고 대답하였다. 아이들 끼리 소꿉놀이를 할 때에도 그 여자애는 항상 나와 부부가 되었다. 어리숙한 나는 정신적 발달도 느려 부부가 되는 것이 무슨 의미인지 생각조차 하지 못하였다. 나는 지금도 이유를 모르겠다. 왜 용모도 좋고 부잣집 아들인 내 친구 보다 나를 좋아 했는지?

하루는 우리 집에서 우리 둘만 소꿉놀이를 하고 있었다. 평소대로 우리는 부부였다. 갑자기 여자애가 나에게 제안을 하였다. 진짜 부부같이 하자고. 영문을 모르는 나에게 여자아이는 내 입술에 뽀뽀를

하였다. 아니 뽀뽀 보다는 키스에 가까웠다. 여자아이는 황급히 뛰어 나갔다. 내 입술에 향긋한 여운을 남긴 채.

나는 처음으로 야릇한 느낌을 받았다.

중고등학교에 다니면서 그 여자 아이를 거의 만나지 못했다. 같은 동네지만 집이 떨어져 있었고, 더구나 당시는 남녀가 내외하는 분위기였다. 한참 입시공부에 몰두하고 있던 고등학교 3학년 때, 길에서 우연히 여자 아이를 만났다. 오랜만인 그 아이는 여전히 크고 늘씬한 몸매에 하얗고 갸름한 얼굴이었다. 우리는 한눈에 서로를 알아보고, 말없이 얼굴만 붉혔다.

그리고는 서로 이사를 가서 만나지 못했다. 지금도 내 첫 키스의 추억과, 성숙했던 여고생의 모습이 가물가물 하다.

사십 년 만의 만남

유붕자원방래 불역락호有朋自遠方來 不亦樂乎: 멀리서 벗이 오면 이 또한 즐겁지 아니한가.
그 후에도 그와 40년 동안 못한 각별한 우정을 나누고 있다.

벌써 8년 전의 이야기이다. 따뜻한 봄날 오후 사무실로 전화가 걸려왔다. 상대방은 조심스럽게 내 이름을 확인한 후 영등포초등학교를 다녔냐고 물어보는 것이었다. 그렇다는 나의 대답에 자기가 동창인 L이라며 곧 내 사무실로 오겠다고 했다.

L이라, 국민학교 5, 6학년을 같이 지냈다. 키가 유난히 작아 별명이 '땅콩'이었던 나와는 정반대로 가장 몸집이 크고 힘이 좋아 주먹대장을 하던 친구였다. 어머니 치맛바람 덕에 반장이었던 나는, 학생회장인 그 친구와 죽이 잘 맞아 2년을 붙어 다녔다. 졸업 후 다른 학교에 진학하고 우리 집은 이사를 가서 40년 만에 다시 만나는 셈이었다.

곧 온다던 친구는 한 시간 반 뒤에서야 방으로 들어왔다. 내 상상만큼 거인은 아니지만 건장한 체격에 시원한 인상을 가진 중년의 신사가 되어 있었다. 얼굴에서 옛 모습을 서로 확인할 수 있었다. 사업을 하는 친구는 생활이 안정되고 나니 옛 친구가 보고 싶어 나를 찾았단다. 의사가 되었다는 소식에 평소 다니던 동네의사에게

물어 보고, 그 의사는 또 다른 의사에게 물어보니 나를 알더라는 것이다. 통계에 의하면 우리나라 사람은 2.5명을 거치면 연결이 된다는데 업무상 긴밀하게 연결되어 있는 의료분야는 특히 더하다.

곧 원장님과 회의가 있으니 다른 날 다시 만나자고 하는 나에게, 방에서 기다리겠단다. 대개는 이런 경우 긴한 부탁이 있어서다. 한 시간이 걸린 회의 후 방에 돌아와 무슨 도와 줄 일이 있냐는 투의 나의 질문에 L은 어리둥절한 표정이었다. 생활에 여유가 생겨 이제는 건강도 돌볼 겸 의사인 옛 동무를 찾았다는 똑같은 대답에, 친구를 그런 식으로 생각한 내 자신이 부끄러워 얼굴이 화끈해졌다.

젊어서부터 빈손으로 독립하여 사업을 한 L은 고생도 많이 했단다. 특히 1997년 IMF 시기에는 사업이 망하고 위궤양에 출혈이 생겨 죽을 고비를 넘겼다고. 타고난 리더 기질에다 여러 사업 경험을 쌓은 그는 현재는 재기해서 단단한 중견 기업체를 운영하고 있었다. 성격도 남자답고 인정이 많아 직원이 따르고 같은 업계에서도 신망이 두터웠다.

논어 제1편 첫머리에 나오는 구절이 유붕자원방래 불역락호有朋自遠方來 不亦樂乎이다. '멀리서 벗이 오면 이 또한 즐겁지 아니한가'란 뜻으로 이런 반가움이 인생 즐거움의 으뜸이라는 것이다. 하물며 40년 만의 옛 친구이니! 주자朱子는 이 구절을 '배움으로 인한 수양과 덕행이 쌓여 다른 사람에게까지 알려지게 되면 믿고 따르는 사람이 생긴다'고 현학적으로 해석했지만, 공자님은 글자 그대로의 의미로도 말했으리라.

L은 일가가 간출했다. 이북에서 홀로 월남한 아버지와 어머니가 모두 돌아가시고, 유일한 자매인 누이마저 저 세상으로 떠나, 부부와 자식 둘이 전부였다. 외로운 사람이라 친구를 더 소중히 여겨 우정이 남 달랐다. 내가 위 수술을 받고 병실에 누워있는데, L이 휴대폰에 전화했다. 짐짓 태연하게 응대하는 나에게 어제 꿈에 내가 보이던데 무슨 일이 있냐고 물어보는 것이었다. 할 수 없이 수술 이야기를 했고, 한 시간 뒤 부인과 함께 과일 바구니를 들고 그가 병실에 나타났다.

그 후에도 그는 초등학교 동창과 선생님들을 찾는데 열중하여 마침내 초등학교 동창회를 만들어 회장을 하였다. 지금도 이 친구와 일주일 한번 꼴로 전화안부를 묻고, 같이 운동도 하면서 40년 동안 못한 각별한 우정을 나누고 있다.

한국의 Mr. Chips 김창현 선생님

김창현 선생님의 가르침 하에 우리 학교는 한문수업을 계속하였다.
한자를 배우는 너희들 중에는 우리나라의 훌륭한 인물이 나올 것이다.

내 중고등학교 은사 중에 백아白牙 김창현金彰顯 선생님이 계셨다. 백아는 경기도 고양군의 안동安東 김 씨 종가에서 태어났다. 일제 강압기에 어려운 환경에서도 전통적인 교육을 받으며 성장하였다. 이러한 환경이 바로 김창현을 토착적인 서예가로 성장 시키고, 성실하고 근엄한 태도를 가지게 하였다. 두 형(김문현, 김충현)과 동생(김응현)이 모두 학문과 글씨가 뛰어나 일가를 이루었다.

나는 백아 선생님과 인연이 많아 담임선생님인 적은 없지만, 중학교, 고등학교 시절 모두 가르침을 받았다. 1960년대 당시는 박정희 군사정권이 패기는 있으나 어설퍼서 여러 혼돈된 정책을 시도하던 시절이었다. 백년대계이어야 할 교육정책도 매년 실험 삼아 변하여 우리학생들은 적응하느라고 고생하였다.

그 중 대표적인 정책이 한자 추방이었다. 우리글을 지키고 함양하자는 일부 국수주의 학자와 관리가 합작하여, 국어 교과서에서 한자를 없애고, 한문시간을 폐쇄하였다. 그러나 이 시책은 교육부의 관리 사이에도 의견이 엇갈려, 필자가 중학교 2학년 때는 시행하였다가 고등학교 1학년 때는 철회하는 등, 그야말로 현실을 떠난 탁상공론의 정책이었다.

피해는 엉뚱하게 학생들의 차지였다. 학년에 따라 한자교육을 받기도 하고 못 받기도 하여, 학생이 신문(그 당시에는 신문에 한자가 많이 사용되고 있었음)을 읽지도 못하는 경우가 생겼다. 사실은 신문 해독이 문제가 아니고, 한자를 국제 공용으로 쓰던 동양 문화권으로 접근할 수가 없고, 이해 능력이 감소하는 것이 근본적인 실책이었다.

그러나 우리 학교는 한문수업을 계속하였다. 김창현 선생님이 필요성을 강조하고 학교 당국도 공감하기 때문이었다. 유수한 사립학교인 중앙중학교가 독재정권의 일괄된 시책에 반대하기가 쉽지 않은 상황이었지만, 구한말 민족 선각자들이 세운 전통 있는 우리 학교는 개의치 않았다. 뛰어난 서예가이면서 한학의 대가인 김창현 선생님은 중학생에 불과한 우리들에게 초보 한자를 가르치면서도 즐거워하였다. 수업시간 마다 숙제장을 열심히 검사하고 사인을 하면서 이렇게 말하였다. “한자를 배우는 너희들 중에는 우리나라의 훌륭한 인물이 나올 것이고, 그러면 이 숙제장이 박물관에 전시되어 내 이름도 같이 역사에 남을 것이다.”

족보학에도 조예가 깊던 선생은 우리들 개개인에 관심이 많았다. 이름을 보고 본관과 항렬, 고향을 물어 보고는 대충 집안을 알아 맞혔다. 또, 그 집안의 누가 중앙중 · 고등학교 출신인지, 어떤

학생이었는지 잘 알고 있었다. 한 예로 동창인 친척 아저씨의 부탁으로 재학 증명서를 받으러 백아 선생님에게 갔더니, 아저씨의 학창시절을 기억하면서, 본인이 직접 안 오니, 그 때나 지금이나 예의가 없다고 한탄을 하여 나를 놀라게 하였다.

영국의 제임스 힐턴의 소설 〈Good-bye, Mr. Chips〉에 백아 선생님과 똑같은 Chips 교사가 나온다. 한 사립학교에서 독신으로 평생을 보낸 Chips 선생은 교내 동창 모두에게서 사랑과 존경을 받고, 임종 순간에도 학생들의 이름을 줄줄이 외운다. 대학 입학 후 모교를 찾아간 나에게 백아 선생님은 물었다. "너하고 비슷하게 생겨서 헷갈리던 L학생은 어느 대학에 갔느냐?" 선생님은 한국의 Mr. Chips였다.

40여 년이 지난 지금, 한자도 거의 잊어버리고, 또 선생님이 사인한 이름이 있는 숙제장을 박물관에 전시할 만한 인물이 우리 중에 아직까지 없어, 하늘에 계신 선생님께 정말 죄송하다.

이 글을 쓰다가 궁금하여 졌다.
나와 비슷하게 닮았다던 L은 지금 무엇을 하고 있는지?

보고 싶다. 친구야.

특별한 기숙사 정영사

- *정영사는 청와대가 가난한 지방 학생을 위해 1968년에 건축하여 기증한 특별한 기숙사다.*
- *정영사의 짧은 기억은 내 마음 깊은 곳에 남아 있다.*

서울대학교가 관악산 지역으로 이전하기 전에는 주요 단과대학이 연건동과 동숭동 대학로에 있었다. 연건동 의과대학 교정에 서울대학교 전체 기숙사인 정영사正英舍가 있었다. 정영사는 보통 기숙사하고는 아주 다른 특별한 기숙사였다. 청와대에서 가난한 지방 학생을 위해 1968년에 건축하여 기증하였기 때문이었다. 이름도 박정희 대통령과 육영수 여사의 가운데 글자에서 따와 만들었고 영부인의 관심이 대단했다.

학교 당국에서도 여러 가지로 정영사를 도와주었다. 전기와 물, 인건비 등은 대학에서 제공되고 학생들은 식비만 부담하는 혜택을 주었다. 이것도 학생대표가 주방장과 함께 시장에서 식재료를 직접 사 가지고 왔다. 1974년 당시에 하숙비가 한 달에 10만원 하였으나 정영사는 8,000원 정도 들었다. 따라서 많은 지방 학생들이 입사하려고 해 경쟁이 심했다. 각 단과대학에서는 2학년부터 성적과 품행을 보고 10여 명씩 선발해 전체 학생이 120명이었다.

나는 집이 서울에 있으나 신림동으로 대학과 다소 멀었기 때문에

정영사에 들어갔다. 한 참 바쁠 때인 본과 일학년을 마친 후 였다. 널찍한 방에 이층 침대가 2개 있어 네 명이 같이 있었다. 우리 방 308호에는 본과 4학년 치과대학생, 국어국문학과 3학년생, 상과대학 2학년생이 있었다. 같은 고향이나 같은 고등학교 출신은 일부러 다른 방을 쓰게 하였다.

일남사녀의 외아들인 나는 남자들과 같이 숙식한 적은 없었다. 본격적인 단체생활을 처음 하였지만 점차 적응하게 되었다. 잦은 시험으로 항상 공부해야 하는 의대생과는 달리 대부분의 서울대생들은 여가가 있고 나름대로 대학생활을 즐기고 있었다. 부산의 부유한 집 아들인 치대생은 연애박사였고, 인천 출신인 국문학과 학생은 기초 학문보다는 경제계에서 활동할 생각이었고 어떤 이유로 러시아어를 열심히 공부하고 있었다.

우선 입사하니 많은 남녀 간의 미팅이 기다리고 있었다. 예를 들어 단과대학교, 고등학교, 고향별로 신입생이 주선하는 신고미팅과 기존 선배가 주선하는 환영미팅이 있었다. 또 이화여대 기숙사를 찾아가 같은 308호실의 여학생과 미팅을 하고, 미팅이 많다보니 심지어는 식당에서 식사를 하다가 사람이 모자라서 끌려가기도 했다. 나는 여학생에 관심이 덜하고 의대 시험에 대한 중압감 때문에 그리 적극적이 아니었다. 아무래도 경상도 학생이 많아 주로 부산여고와 경남여고 출신이 파트너였다. 경상도 사투리가 이해하기 어렵고 또 공유하고 있는 추억이나 화제가 적어 번번이 미팅은 실속이 없었다.

기숙사생 중에는 초등학교 때 같이 과외공부를 하던 상대생 J도 있었다. 특히 그는 경기중 · 고등학교에 진학해 내가 부러워하던 친구여서 반가웠다. 나와는 달리 활달한 성격으로 변하고 자신 있게 인생길을 가고 있는 그가 부럽기도 했다. 의대 동기생도 셋이나 같이 입사하였고 그중 L이 가장 가까웠다. 학업성적이 뛰어난 그와 기숙사 독서실에서 같이 시험공부를 한 적이 있다. 특이하게도 그는 암기해야 할 내용을 연필로 공책에 다시 정리해 가면서 공부를 하고 시험 직전에는 공책만 가지고 외웠다. L은 나중에 교수가 되었으나 아깝게 담도암으로 타계했다.

우리방의 실장인 치대생은 유명한 플레이보이였다. 집에 경제적 여유가 있어 언제나 넥타이에 양복을 입고 다녔고 많은 예쁜 여학생을 바꿔가며 데이트를 했다. 매끄러운 용모와 말솜씨에 연애의 테크닉도 화려해 때로는 연애편지를 영어로 쓰기도 했다. 돈이 궁해 학생복만 주로 입고 다니는 우리들은 그의 허풍 섞인 이야기를 들으면서 간접경험이나 했다.

그 당시는 고교야구가 전성기였다. 프로야구가 아직 없어 출신 고향의 고등학교 팀을 모두들 열성적으로 응원했다. 결승전에는 보통 경상도와 전라도에서 한 팀씩 올라와 더욱 흥미가 있었다. 식당에 TV를 설치하고 기숙사생이 두 편으로 나누어 수박을 먹으면서 응원하던 광경은 아직도 뇌리 속에 남아있다. 서로 친하니까 농담도 주고받고 상대팀의 나이스 플레이에 구수한 사투리로 탄식과 칭찬을 주고받으며 여름밤은 깊어 갔다.

연유는 모르겠지만 민요인 〈진주낭군가晉州郎君歌〉가 기숙사의 노래인 사가舍歌였다. 제목도 〈체르니 50번〉이라고 바꾸어 불렀다. 어려운 시집살이를 하던 부녀자의 생활을 노래한 영남지방의 서사민요였다.

울도 담도 없는 집에 시집 삼년을 살고 나니
시어머니 하시는 말씀, 아가 아가 메느리 아가,
진주낭군 보려거든 진주 남강에 빨래를 가라
진주 남강에 빨래를 가니 물도나 좋고 돌도나 좋다
이리야 철석 저리야 철석 어절철석 씻고야 나니
우리 낭군 하날 같은 갓을 씨고 구름 같은 말을 타고
못 본체로 지나가네
껌둥빨래 껌께나 씻고 흰빨래는 희게나 씻어
집에라고 돌아오니 시어머니 하시는 말씀
아가 아가 메느리 아가, 진주낭군 볼라그덩
건너방에 건너나 가서 사랑문을 열고나 바라.
건너방에 건너나 가서 사랑문을 열고나 보니
오색가지 안주를 놓고 기생 첩을 옆에나 끼고 희희낙락하는구나
건너방에 건너나 와서 석자 시치 맹지 수건
목을 매여서 내 죽었네
진주낭군 버선발로 뛰어나와 첩으야 정은 삼년이고 본처야 정은 백 년이라
아이고 답답 웬일이고.

개사 기념일인 4월 15일 영부인인 육영수 여사가 서울음대에 재학 중이던 둘째 딸과 함께 기숙사를 방문했다. 박대통령의 인기가 떨어져 이제는 밥 한끼 초대받지 못하는데 불러주어서 고맙다고 농담을 하면서 통닭을 가져와 점심식사를 같이 하였다. 우리가 환영 노래로 〈진주낭군가〉를 부르니 가사를 듣고 “왜 자살을 하느냐, 싸우고 이겨서 재미있게 살아야 한다”고 평을 해 모두 웃었다. 단체 사진을 찍기 전에 한 명씩 인사를 나누는데 내 차례가 되자 자세히 보려고 노안이 된 눈을 찌푸리며 악수하던 기억이 난다. 육영수 여사는 4개월 후 광복절 기념식장에서 문세광의 총에 돌아가시고, 둘째 딸 근영 씨는 나와 다른 인연을 후에 맺게 된다. 이와 같이 역사는 예기치 못한 방향으로 흘러가는가 보다.

사실 집이 서울에 있던 나는 가족이 그리워 한 학기만 다니고 퇴사하였다. 정영사의 짧은 기억은 수없이 허탕친 미팅의 기억과 함께 내 마음 깊은 곳에 남아 있다.

미숙한 의사

친구는 의사인 나에게 결정을 맡겼다.
결과적으로 잘못된 결정을 했던 나는 두고두고 후회하였다.

같은 동네에 살던 남자친구 이야기다. 서울에서 국영기업체에 근무하다가 한국전쟁으로 고향에 피난 간 우리 부모님은, 나를 낳고 3살 때 영등포지점으로 발령 받아 상경하였다. 우선 직장동료 집에 전세로 방을 얻었다. 우리가 처음 만난 그 날이 기억 속에 있다. 또래 남자애가 자기 아빠 무릎에 앉아 있어, 나도 얼른 아빠 무릎에 쫓아 앉은 것이 그 집 2층에서다.

매일 우리는 같이 있었다. 김장하는 날이었다. 바쁜 어머니들이 우리를 마루에 앉히고, 옆에 있는 긴 막대기의 가성소다(양잿물)를 가리키면서 사탕이 아니고 위험한 것이니 먹지 말라고 당부하였다. 어린 나이에도 먹지 말아야 한다고 생각했는데 그 애가 갑자기 집어 삼켰다. 내가 소리치고, 어른들이 달려와 등을 두드려 토하게 했던 해프닝이 있었다.

우리는 서로 잘 어울렸다. 조용하고 내성적인 나는 외향적인 그 친구와 단짝이 되었다. 초등학교도 같이 다니고, 과외공부도 오랫동안 같이 했다. 동네 야구에서는 그 친구는 투수, 나는 포수를 맡았다. 우리집을 구하여 이사간 다음에도 직장동료인 부모들이 가까워 왕래가 잦았고 친척과 다름없이 지냈다. 나보다 체격도 크고 활동적인 내 친구는 커서는 나를 보살펴주기까지 했다.

친구 아버지는 직장을 그만두고 화물자동차로 운수업을 시작하고 사업이 잘 되어 동네에서 가장 잘 사는 집이었다. 그러나 우리가 대학교 1학년 때 '운수업運輸業은 운수運數이다'는 그 당시 말대로 사업이 기울면서 스트레스를 많이 받아서 인지 그 다음해에 친구 아버지는 암으로 돌아가셨다. 갑자기 가난한 집안의 가장이 된 그는 학교를 그만두고 직장을 다녔다. 우리는 가끔 영등포 역전 선술집에서 막걸리를 마시면서, 나는 공부로 그는 사업을 해서 성공하자고 서로 격려하곤 했다.

의과대학을 막 졸업하고 신경외과에서 인턴을 하고 있을 때였다. 갑자기 그 친구가 찾아 왔다. 어머니가 뇌출혈로 의식을 잃고 A병원 중환자실에 누워 계시다는 것이었다. 그 병원 신경외과 선생님이 뇌수술을 하자고 해서 의논을 하려고 온 것이다. 우리병원 선배 레지던트 말이 수술하는 것이 좋은데, 이런 경우 집도의사의 능력에 크게 좌우된다면서 우리 대학병원에서 할 것을 권유하였다. 그러나 그 당시에는 직장별로 보험 협약 병원이 지정 되어있어 친구 어머니는 우리 병원에서 의료보험이 안 되었다.

우리 대학병원의 일반 비보험 치료비는 감당할 수 없는 상황에서 우리는 고민했다. A병원에 맡겨 수술을 하느냐? 또는 수술을

안 하고 약물치료로 경과를 보느냐? 친구는 의사인 나에게 결정을 맡겼고, 병아리 의사인 나는 고민 끝에 친 어머니나 다름없는 아주머니가 회복하려면 위험하더라도 수술하는 것이 좋겠다고 최종 권고하였다.

수술 다음 날, 당직을 하고 있는데 상태가 나빠졌다고 다급한 전화가 왔다. 선배에게 양해를 구하고 A병원 중환자실로 달려갔다. 이미 친구 어머니는 수술 중에 돌아가셨고, 내 친구는 4명이나 되는 동생들을 다독거리고 있었다. 수술 때문에 머리를 깍은 어머니는 인자한 비구니 스님 같은 표정으로 운명하셨다. 손에는 친구 여동생이 쥐어준 염주를 가진 채.

물론 우리의 우정은 여전히 변함없지만, 나는 결과적으로 잘못된 그 때의 내 결정을 두고두고 후회하였다.

우리에게 미래를 투시하여 미리 알 수 있는 능력이 있다면…….

다소 경험 있는 의사가 된 지금은, 적극적인 수술 보다는 소극적이지만 약물치료와 경과 관찰을 환자 상황에 따라서는 추천하고 있다.

나의 클래식 음악 이야기

감미로운 선율은 학교생활과 입시 공부에 지친 나를 위로해 주었다.
모든 일에는 시간과 정력을 투자한 만큼 소득이 있는 법이다. 고전음악도 마찬가지이다.

초등학교 3학년 때 일이다. 우리학교에 합창단이 생겼다. 어머니의 치맛바람 덕에 반장을 하던 나는 당연히 담임선생님 추천으로 합창단원이 되었다. 방송국이 주최하는 합창경연대회에 출전하기 위해서 몇 달간 연습을 했고 우리 팀이 장려상인가를 받았지만 그렇다고 내가 음악에 매력을 발견할 정도의 경험은 아니었다. 헨델의 '보아라 용사 돌아온다…….' 같은 〈승리의 노래〉에서 잠깐 화음의 아름다움을 느끼기는 했지만.

오히려 나는 합창을 가르치고 지휘하던 음악선생님에 관심이 있었다. 우리 학교 선생님이 아니라 외부에서 초빙한 분이었다. 남자이지만 파마머리를 하고 긴 코트를 입은 모습이 책에서 보던 베토벤이나 슈베르트 같은 대음악가를 연상하게 했다. 또 하얀 얼굴에 안경을 쓰고 음악에만 집중하는 태도가 어린 나에게도 멋있게 보였다. 그 당시 음악가의 전기傳記를 많이 읽고 있었던 탓인지 나는 엄마의 치맛바람에 영향 받는 담임선생님보다 이 음악 선생님이 더 존경스러웠다.

중학교에 들어가니 음악조회라는 것이 있었다. '중앙학교 재건

프로그램'의 하나로 최복현 교장의 지도하에 중고등학교 전교생이 토요일 아침에 함께 합창을 하는 시간이다. 한마음으로 협동정신을 기르자는 목적은 훌륭했지만 중학교 1학년부터 고등학교 2학년 학생들 전원에게 노래를 가르치려고 애쓰던 음악 선생님들은 고생을 많이 하였다.

그중 한 분이 김대붕 선생님이다. 중앙학교 선배이기도 한 선생님은 역시 파마머리를 하고 정열적으로 음악조회를 준비했고 우리를 동생처럼 사랑하셨다. 내가 중학교 2학년이 되자 담임이 되셨다. 3월 2일 개학 첫날 김 선생님이 담임으로 우리 반으로 들어오셨을 때 놀라면서 기뻐하던 기억이 지금도 생생하다. 선생님은 영등포 우리 집까지 가정방문을 하셨고 어리고 몸집이 작은 내가 멀리서 통학하는 것을 격려해 주었다. 듣기 쉬운 고전음악을 소개해 주는 선생님의 음악 수업이 그렇게 좋을 수가 없었다. 〈경기병 서곡〉과 〈윌리엄 텔 서곡〉 등이 기억에 남아있다.

그러나 모든 일이 항상 좋을 수만은 없는 법이다. 몇 달 지나지 않아 선생님이 춘천 성심여대로 전근하시게 되었다. 우리와 헤어지고 모교를 떠나는 것이 아쉽지만 지방이라도 대학교수가 되는 것이 개인 발전에 더 도움 될 것 같다고 우리에게 양해를 구하면서 떠나셨다. 나는 안타까워 속으로 눈물을 흘렸다.

그 당시는 아직 우리나라에 산업이 발달하기 전으로 젊은이를 위한 직장이 부족해 실력 있는 학자들이 중고등학교 교사로 많이 오셨다. 후임으로 오신 분이 작곡가 조념 선생님이었다. 조 선생님은 일본 도쿄음악학교를 나온 엘리트로 민족정신과 혼을 음악으로 표현하려 했다. 〈보리피리〉, 〈초혼〉 같은 가곡과, 교향곡 〈산하〉, 교향시〈불바다〉를 작곡했다. 우리하고 전의 음악 선생님처럼 친밀하지는 않았지만 다정하셨고, 유명한 작곡가라는 소문에 모두 그 분을 존경했다. 나는 〈보리피리〉를 즐겨 부르면서 하늘이 내린 벌이라는 나병 환자들의 삶과 슬픔을 생각하며 생명에 대한 강한 애착을 느꼈다.

우리 형제는 1남 4녀로 둘째인 나에게는 누나가 한 분 있다. 그 누나가 노래도 잘 부르고 음악을 좋아해 나는 일찍이 서양의 고전음악을 접할 수 있었다. 여학생들이 흔히 듣는 클래식 소품을 감수성이 뛰어난 중고등학생 시절에 많이 들었다. 당시는 외국 LP 레코드판을 우리나라 회사가 불법으로 복사해서 판매했기 때문에 음질은 나빴지만 가격이 저렴해 학생들도 구매할 수 있었다. 〈즉흥환상곡〉, 〈G선 상의 아리아〉, 〈트로이멜라이〉, 〈은파〉, 〈야상곡〉 등 감미로운 선율은 학교생활과 입시 공부에 지친 나를 위로해 주었고, 다른 학생들이 열중하던 팝송에 대한 흥미는 그닥 크지 않았다.

내가 본격적으로 고전음악을 대하게 된 것은 대학에 입학 한 후였다. 특히 의예과 2년 동안에는 학교공부 부담이 적어 여가를 즐길 수 있었다. 여러 교수님과 선배들은 교양교육을 강조하면서 음악공부도 권했다. 합격이 확정된 2월에 그 당시 유행하던 통기타를 사서 연습을 해보았지만 별 재미를 느끼지는 못했다. 대신 바이올린을 구입해 배우기 시작했다. 마침 누나 친구가 이화여대에서

바이올린을 전공하고 있어 금오동에 있는 그 집으로 교습을 다녔다. 그러나 바이올린 역시 재능이 없어 1년 정도 배우고는 중단했다. 또 다른 이유는 절대음감을 가지고 자기 손으로 음을 잡아야 하는 현악기가 아마추어인 내게 버거웠기 때문이다. 대신 내가 좋아하는 다정한 누나에게 배우고, 바이올린 통을 메고 다니며 음악가 기분을 내보는 엉뚱한 재미를 만끽했다.

성문출판사에서 나온 세계고전음악시리즈의 레코드판과 해설집이 큰 도움이 되었다. 서양 고전음악 종류별로 대표적인 작품을 수록한 32장의 LP판을 아버지가 큰마음을 먹고 사 주셨다. 해설은 서울대 교수가 맡아 악보까지 분석하면서 서양음악의 형식과 아름다움을 소개하였다. 주말이나 방학 때는 해설집을 읽으면서 음악을 들어 기본적인 소양을 키워갔다.

소나타가 서양 고전 기악곡의 기본 양식이란다. 원래 이태리 말인 sonare(소리 내다)에서 나온 말이다. 소나타 형식은 어느 한 악장에서 음의 구성과, 또 곡 전체에서 각 악장 간의 구성에 모두 사용된다. 한 악장은 제시부, 발전부, 재현부로 구성되고, 서로 대조를 이루는 두 개의 주제를 사용한다. 악장 간에는 빠름-느림-빠름의 순서를 지킨다.

주제는 보통 으뜸조인 제1 주제와 딸림조인 제2 주제로 되어있다. 제1 주제는 남성적이고 씩씩하며 제2 주제는 여성적이고 슬픈 음조이다. 제1 주제가 경쾌하다면 제2 주제는 애잔하다. 이 두 주제가 번갈아 연주되면서 갈등 분위기가 나타나고 긴장이 고조된다. 발전부에서는 주제가 작은 조각으로 나뉘고 결합하면서 변한다. 재현부에서는 주제가 다른 조성으로 연주되면서 주제들 사이의 긴장상태가 융합으로 바뀌고 마침내 악장은 화해의 느낌으로 마무리된다. 악장 간에도 비슷한 구성을 이루어 제1 악장은 빠르고 남성적이고 제2 악장은 느리고 여성적이다. 마지막 악장은 다시 빠르게 전개되면서 마무리된다. 때로는 춤곡을 제3 악장으로 추가하기도 한다.

소나타 양식은 모든 서양 기악곡의 중심 구조이다. 피아노곡 같은 독주곡에서 부터 이중주곡, 트리오, 현악합주곡, 협주곡, 교향악 까지 악기가 점점 많아져도 기본 양식은 유사하다. 고전주의에서 시작한 이 양식은 베토벤에 의해 완성됐다고 볼 수 있고, 낭만기에 와서 변형 발전된다.

아마도 소나타 양식이 우리가 아름다움을 표시하는 가장 효과적인 방법이 아닌가 싶다. 황순원 작가의 〈카인의 후예〉라는 우리나라의 대표적 소설에서도 이 양식을 찾을 수 있다. 해방 후 소련군이 진주한 북한 땅에서 지주 출신의 선량한 지식인 청년 박훈이 겪는 이야기이다. 교활한 기회주의자가 된 소작농과 공산당의 위협이 있는 바깥세상은 제1 주제, 어릴 적 친구였던 소작농의 딸 오작교와의 애틋한 사랑은 제2 주제. 이 둘이 서로 얽히면서 갈등을 더해가는 구도이다. 극단적으로 대조가 되는 두 이야기가 번갈아 나타나면서 사태가 전개발전된다. 전체적으로 보면 시대적 외부 상황과 인간의 존재 의미라는

두 명제를 입체적으로 구성한 것이 소나타 형식과 유사하다.

나는 소나타 형식을 집대성한 협주곡이나 교향곡을 좋아했다. 또한 애절한 음색을 띈 바이올린을 선호해서 멘델스존, 베토벤, 차이코프스키와 브람스의 4대 협주곡을 즐겨들었다. 특히 이 현악기의 장점이 2악장에서 잘 발휘되어 깊은 감흥을 준다. 피아노 협주곡으로는 베토벤, 차이코프스키, 라흐마니노프, 쇼팽의 곡을 좋아했다. 교향곡으로는 소나타 양식을 완성한 베토벤의 여러 곡을 애호했다. 〈전원〉, 〈운명〉, 〈합창〉, 슈베르트의 〈미완성〉, 드보르작의 〈신세계〉 교향곡과 같이 유명한 곡을 남들처럼 나도 선호했다. 여자 친구와 차이코프스키와 모차르트의 피아노 협주곡을 같이 듣고는 했다. 찬란하고 아름답기 때문에.

그 당시 우리 집은 돈이 궁했다. 아버지가 퇴직 후 제대로 된 직장에 다니지 않았기 때문이다. 고등학생을 과외 지도해 용돈을 벌던 나는 월급날이면 LP판을 한 장씩 사서 모았다. 이때부터는 우리나라 음반회사가 오리지널 외국회사와 라이선스 계약을 맺어 레코드판 금형을 들여와 제작하던 때이다. 가격은 복사판 보다 몇 배 비쌌지만 음질은 비교할 수 없을 만큼 훌륭했다. 비발디의 〈사계〉, 슈베르트의 〈숭어〉, 드보르작의 〈아메리카〉 같은 현악곡이 좋아져, 매 달 나 자신을 격려하는 행사로 한 장 씩 구매했다.

나이가 들면서 점차 피아노곡과 가창곡이 좋아지기 시작했다. 피아노는 악기중의 왕으로 음악의 모든 영역과 감정을 표현할 수 있다. 베토벤의 피아노 소나타와 쇼팽의 모든 피아노곡을 사랑한다.

그리고 사람의 목소리만큼 감정에 호소하는 악기는 없다. 유명 가수의 각종 아리아도 좋고, 우리나라 가곡은 특히 우리 내면의 정서에 깊이 와 닿는다. 슈베르트의 가곡을 애호해, 연말에는 신수정 교수님 음악회에 초청받아 〈겨울 나그네〉를 듣는다.

좋아하는 작곡자도 세월과 상황에 따라 변해 간다. 나는 모차르트는 어느 곡이나 즐기지만, 브람스는 소품만 들었다. 협주곡이나 교향곡은 지루하고 공감이 가지 않았기 때문이다. 지난 겨울이었다. 날씨는 춥고, 건강도 안 좋고, 사는 일이 따분하다고 생각하면서 운전 중에 라디오를 틀었다. 브람스의 교향곡 4번이 귓전을 울렸고 어느 순간 내 몸 속 깊숙이 스며드는 것이 아닌가! 그 의미 없던 음 하나하나가 새로웠고, 여러 악기가 모두 적절한 위치에서 반드시 나타나야 할 때에 소리를 내고 있었다. 교향곡 4번이 온몸으로 퍼져갔고 음악이 끝나자 마치 목욕을 한 것처럼 몸이 개운해졌다.

모든 일에는 시간과 정력을 투자한 만큼 소득이 있는 법이다. 고전음악도 마찬가지이다. 노력해서 서양음악을 듣고 공부하면, 더 잘 이해할 수 있고 좀 더 그 가치를 알게 된다. 고전음악은 특히 어려운 만큼 반대급부도 크다. 음악이 가장 감성적인 예술이기 때문에 우리의 영혼을 정화시키고 인생을 풍요롭게 만들어 줄 것이다.

가지 않은 길

사람이 한 평생을 살다 보면 중요한 결정을 해야 될 때가 있다.
사람과 더불어 지내는 데에 선善하다는 것이 가장 중요하다.

사람이 한 평생을 살다 보면 중요한 결정을 해야 될 때가 있다. 진학, 취업, 결혼, 진로 설정 등 인생의 갈림길에서 여러 진로 중에서 하나를 선택해야만 한다. 이 선택이 미래의 인생을 완전히 바꾸는 경우도 있어 신중하여야 한다. 결정이 쉽지 않아 여러 가지로 고민하고, 잠을 설치기도 한다.

보통 이럴 때 우리는 다른 사람과 의논한다. 가까운 가족, 친구, 동료, 선후배에게 상황을 설명하고 자문을 구한다. '민심民心이 천심天心'이라는 말이 있듯이 여러 사람들이 보고 생각하는 것이 비슷하기 때문에 큰 도움이 된다. 대부분은 진지하게 듣고 자기 의견을 말하나, 때로는 건성으로 대하기도 한다. 또는 사람마다 엇갈린 의견과 충고를 주어 결정을 더 어렵게 만들기도 한다. 자기 이익에 맞추어 한쪽으로 부추기는 사람도 있을 것이다.

결국은 본인이 결정을 내려야 하는 일이다. 나도 이런 순간에 객관적이고 이성적으로 판단한다고, 앞으로의 일을 '흐름도'로도 만들어 보고 각 선택의 장단점으로 표를 만들어 비교하여 보기도 했다.

그러나 더 혼돈스럽고 결국은 나의 주관적인 직관으로 결단을 내리게 된다. 키에르케고르의 책 제목대로 '이것이냐, 저것이냐?' 이다. *(키에르케고르에게 '이것은' 미적실존美的實存이고, '저것은' 윤리적 실존倫理的實存이다. 삶에 관한 근본적 태도로, 쾌락을 좇는 미적실존을 버리고, 양심을 가진 사람으로 살아가는 윤리적실존을 직관적으로 선택하여야 한다는 것이다.)*

물론 결정하는 데는 제일 중요한 원칙이 있기도 하다. 결혼 상대자를 고를 때 기준으로 남녀 서로 가치관이 같아야 한다고 필자는 생각한다. 같이 살면서 선택해야할 순간이 많은데 가치관이 같으면 비슷한 결정을 하게 된다. 그러나 가치관이 다르면 선택도 서로 달라 갈등 요인이 된다. 다른 경우로는 직원을 뽑을 때는 능력보다도 착한 사람인지 여부가 더 중요하다고 생각한다. 사람과 더불어 지내는 데에 선善하다는 것이 가장 중요하고 능력은 계발하면 되기 때문이다.

사실 근본적으로 옳은 결정이란 없다. 나중의 결과가 그 결정이 옳았는지를 판정한다. 어떤 선택을 해도 열심히 해서 성과가 많으면 선택을 잘 한 것이고, 성과가 적고 잘 되지 못하면 실패한 선택이 되는 법이다. 성공하면 지금의 고민이 나중에는 즐거운 회상과 재미난 이야기 거리가 될 것이고, 실패하면 현재의 선택이 잘못 된 쓰라린 기억으로 남을 것이다.

따라서 일단 정하면 열심히 해야 한다. 일에 양성 피드백

(positive feedback)이 걸려야 한다. 모든 가치 있는 일은 과정 중에 많은 땀과 고통을 요구한다. 이 어려움을 극복하면 점차 일에 재미가 붙고 성과가 나타난다. 이즈음이면 일의 성과에 신이 나 더 열중하게 된다. 천재 야구선수라는 이종범의 야구장갑에 참을 인忍 자가 새겨져 있는 것을 보고 감격한 적이 있다. 어려움을 참으면서 열심히 운동하여 성공했기에 야구선수로의 그의 선택은 잘한 것이 되었다. '어떤 선택을 하던 자신의 운명은 자기가 만들어 간다'는 긍정적이고 진취적인 삶의 태도가 필요하다.

아직 연륜이 짧지만 내 인생길에서 갈림길이 있을 경우, 편안하고 흔히 가는 길보다 새로운 모험길을 선택하곤 했다. 다행히 이러한 몇 번의 결정이 성공하여 현재에 이르렀다고 생각한다. 외롭고 어려운 길일수록 그 보답은 다른 경우보다 많은 법이다.

다음은 미국 서정시인 로버트 프로스트(Robert Frost)의 〈가지 않은 길〉이라는 유명한 시의 전문이다. 인생길에서, 선택에 대한 그의 관조적 성찰觀照的 省察을 노래하고 있다.

노란 숲 속에 두 갈래 길이 있었습니다.
나는 두 길을 다 가지 못하는 것을 안타깝게 생각하면서
오랫동안 서서 한 길이 굽어 꺾여 내려간 데까지
바라다 볼 수 있는 데까지 멀리 바라다 보았습니다.

그리고, 똑같이 아름다운 다른 길을 선택했습니다.
그 길에는 풀이 더 있고 사람이 걸은 자취가 적어,
아마 더 걸어야 될 길이라고 나는 생각했지요.
그 길을 걸으므로, 그 길도 거의 같아질 것이지만.

그날 두 길에는
낙엽을 밟은 자취는 없었습니다.
아, 나는 다음 날을 위하여 한 길은 남겨 두었습니다.

길은 길에 연하여 끝없으므로
내가 다시 돌아올 것을 의심하면서……

훗날 나는 어디선가
한숨을 쉬며 이야기할 것입니다.
숲 속에 두 갈래 길이 있었다고,
나는 사람이 적게 간 길을 택하였다고
그리고 그것 때문에 모든 것이 달라졌다고

동위방 삼총사의 우정

우리는 서로 개성이 다르고 독특했다.
군자는 서로 다르지만 화합하고, 소인은 서로 같으면서도 어울리지 못한다.

서울의대 내과학교실의 이문호 교수가 독일 프라이부르크 대학으로 연수를 가서 3년간 하일마이어 교수의 지도로 방사성동위원소의 의학적 이용을 배우고 1957년에 귀국했다. 미국원자력위원회와 국제원자력기구(IAEA)의 도움으로 기본적인 장비를 갖추고 1960년에 부속병원 내과에 '방사성동위원소 진료실'을 개설하였다. 약칭하여 동위원소실 또는 동위방이라고 불리우는 이 그룹은 이 교수 아래에 고창순, 이정상 교수를 축으로 단합된 조직력과 핵의학적 방법을 바탕으로 연구와 진료에서 두각을 나타냈다.

내가 내과에 레지던트로 입국한 1978년에 대학 동기생인 C와 P선생이 함께 동위원소실의 일원이 되었다. 당시 동위방에는 매년 우수한 전공의들이 다수 들어와, 전성기를 이루고 있었다. 교수님과 선배들이 우리 동기 세 명은 삼총사라고 하면서 기대를 많이 했다.

우리는 서로 개성이 다르고 독특했다. P는 우수한 머리에 뚝심이 있었고, C는 선한 심성에 재치가 있었다. 내성적인 성격에 진지한 나와 함께 서로 보완이 되어 예상외로 우리는 잘 어울렸다. 특히 C는 대학시절 내내 도서관에서 같이 공부하던 스터디 그룹 멤버로 친한 사이였다. 우리는 서로 의기가 투합해, 바쁜 일 년차 레지던트 생활 중에서도 주말에 여자 친구들과 같이 어울리고, 정초에는 부모님들께 세배도 갔다.

C는 일란성 쌍둥이의 형으로 동생은 공대에 다녔다. 유복한 가정에서 자란 그는 쌍둥이라는 독특한 현실에 적응해 짝과 조화롭게 지내고 다른 사람을 즐겁게 만드는 재주를 가지고 있었다. 병원에서 C와 나는 항상 같이 붙어 다니면서 같이 일했다. 체구가 작은 우리는 외모도 비슷해 또 다른 쌍둥이처럼 보였다.

영등포 쪽에 집이 있던 우리들은 여의도에 살던 동위원소실 K교수님과 같이 택시로 귀가하고는 하였다. 음주를 즐기는 P는 차가 중간지점인 마포를 지나면 말을 걸기 시작했다. 병원 일이나 연구에 스트레스가 많다고 불평하거나, 또는 의논할 일이 있다는 것이다. 핑계거리가 생긴 우리는 여의도에서 귀가를 중단하고 함께 주점에 가서 위안해 주고 의논하면서 어쩔 수 없이(?) 늦게 까지 술을 마셨다. 매일 통행금지 직전에 만취해 들어오는 남편 때문에 불만이 쌓인 신혼 초인 P의 신부는 용감하게 교수 사모님에게 전화해서 선처를 호소하기도 했다.

우리는 자주 어울렸다. 일과 후 동위원소실에 있는 전공의 방에서 자료를 정리하고 연구하기 위해 자연스럽게 모였다. 한번은

아래 연차인 H선생의 부인이 첫 아이를 출산하게 되었다. 저녁 식사 후 우리들은 맥주 집에서 H선생에게 아버지가 되는 순간을 축하해 주고 있었다. 누군가의 제안으로 아들을 나면 우리가, 딸을 나면 H선생이 맥주 값을 계산하기로 했다. 갑자기 아이의 성별이 관심의 대상이 된 것이다. 드디어 출산 순간이 와서 H선생은 분만실에 가고 우리는 맥주 집에서 기다리고 있었다. 그런데 시간이 지나도 오지 않는 것이었다. 늦게 뛰어와 헐떡이면서 그가 말했다.
"딸 쌍둥이를 낳았어요."

물론 술값은 우리가 냈다. 그 딸 쌍둥이를 H선생의 홀어머니와 부인이 각자 분담해 재미나게 잘 키웠다. 이제는 모두 좋은 배필을 만나 훌륭한 가정을 이루고 있다.

수석 전공의가 되었을 때 가장 큰 일중의 하나가 똑똑한 후배를 찾아 동위원소실의 일원으로 만드는 것이었다. 우리는 인턴 중 평판이 좋은 A 여선생을 포섭했다. 그런데 레지던트가 되어서는 집에도 안가고 병원에서 살면서 너무 열심히 일하는 것이었다. 남자에게 관심도 없는지 화장도 안하고 마치 학문과 결혼한 사람 같았다. 우리들은 너무 기특하지만 여자로서의 장래가 걱정이 되었다. 우리 세 명이 남편감으로 적당한 동료 남자 전공의 B를 정해서 두 사람을 지방병원에 같이 파견을 보내는 등 합동작전 끝에 서로 사랑하게 되고 결혼 시킬 수 있었다. 역시 남녀는 같이 있으면 저절로 화학작용이 생기는가 보다.

전공의 과정을 마친 후에도 각자 다른 병원에 있지만 우리 세

부부는 자주 만난다. 부인끼리도 친밀하고, 힘든 일에는 서로 따듯하게 위안을 주고는 한다. 내가 수술을 받을 때에도 큰 도움이 되었다. 특히 C군은 입원기간 내내 일과 후 내 입원실에 들렀다가 늦게 집에 갔다. 퇴근길도 아닌데. 잠자코 방에 앉아 있어도 얼마나 나를 위하는지 느낄 수 있었다. 진정한 친구의 모습인 것이다.

무엇이 서로 개성이 다른 우리들을 35년 동안 화목하고 가깝게 지내게 했을까?

공자님은 '군자화이부동君子和而不同 소인동이불화小人同而不和' 라고 하셨다. 군자는 서로 다르지만 화합하고, 소인은 서로 같으면서도 어울리지 못한다는 뜻이다. 구성원이 성숙한 인격을 가지고 있으면 자연히 화합이 이루어진다! 정녕 우리 삼총사가 지향하는 모습이다.

가짜 진단서의 효과

진단서 발급 시에는 원칙에 벗어나지 않으려고 애쓴다.
어려울 때의 친구가 진정한 친구이다.

나는 의사로서 환자를 진료하면서 많은 진단서를 써주고 있다.

진단서는 환자의 여러 사회, 경제, 법률 활동에 중요한 자료가 되기 때문에 사실만을 기술해야 한다. 우리나라 법에는 허위로 작성한 때에는 3년 이하의 징역이나 금고, 7년 이하의 자격정지 또는 3천만원이하의 벌금에 처한다고 되어있다. 따라서 환자의 편의를 비교적 생각해 주는 내 경우에도 진단서 발급 시에는 원칙에 벗어나지 않으려고 애쓴다. 부당하면 가까운 친척의 부탁도 거절한다.

그런 내가 단 한번 허위 진단서를 발급해 준적이 있음을 고백한다. 초등학교 친구인 P가 조경사造景士 자격시험을 앞두고 회사를 쉬기 위해서였다. 당시 대학병원에 근무하던 나는 3개월의 시험 준비 기간이 필요하다는 그의 말에 두 눈을 질끈 감고, 그가 간염에 걸렸으니 회사 근무를 피하고 휴식이 필요하다는 내용의 진단서를 작성하여 주었다. 직장 상사는 의심했으나, 대학병원 진단서를 믿을 수밖에 없어 병가病暇를 내 주었고, 그는 열심히 공부해 시험에 합격할 수 있었다.

조경사 자격증은 그의 인생에 큰 도움이 되었다. 그 분야에서는 중견 실력자로 인정받고 또 법적으로 회사 운영에 필요하기 때문이다. P는 조경회사의 중역이 되고 나중에는 대표이사가 되었고 현재 대학교수 자리로 영전하는 기반이 되었다. 물론 그의 실력과 성실한 자세가 주로 작용한 결과이지만.

서양 속담에 'A friend in need is a friend indeed'가 있다. 이 말은 '어려울 때의 친구가 진정한 친구'라고 의역해서, 역경에 처했을 때에도 변하지 않는 진정한 우정을 찬양하고 있다. 내 경우에는 이 정도는 아니지만 P가 '필요한 경우(in need)' 도와줄 수 있었기에, 지금 쓰고 있는 이 글 때문에 허위 진단서 발급 혐의로 벌을 받아도 후회가 없다고 생각한다.

우리는 그렇게 가깝고 각별했다. 초등학교 6학년 때 그가 시골에서 전학을 왔다. 마침 같은 동네에 사는 우리는 등하교 길을 늘 같이 다녔다. 서로 생각이 비슷해 이야기를 하며 친해지기도 했지만, 어머니가 일찍 돌아가 서울 큰 형 집에 온 그는 우리 어머니에게서 엄마의 정을 느껴 우리 집 출입이 잦았다. 자연히 우리 가족과도 가까워져 군복무시 휴가를 오면 제일 먼저 우리 집에 찾아오곤 했다.

집안이 풍족하지 못한 그는 공업고등학교에 진학하고 졸업 후 바로 취업을 했다. 그러나 대학 공부의 꿈을 포기할 수 없어 다시 시험공부를 해 시립대학에 진학했다. 재학 중에 아르바이트로 학비를 마련하면서 갖은 고생을 다 하였다. 마침 우리 집도 형편이

어려워져 나는 그저 격려의 말을 건네는 것이 고작이었고, 지금도 미안하게 생각한다. 그러나 그는 굳은 의지와 밝은 성품으로 역경을 잘 이겨내고 또 나름대로 대학생활을 즐겼다.

그는 문학적 소양도 있어 어려운 시기에 소설을 쓰면서 삶의 스트레스를 승화시키기도 했다. 한번은 학교 잡지에 낸 소설을 읽어보니 주인공의 의사 친구에 내 이름을 사용하였다. 소설 속의 '준기'는 주인공의 정신적 물질적 어려움을 해결해 주고 있었다. 실제 후원자의 역할을 못하는 나는 무안할 따름이었다.

세월이 흘러 각자 여자 친구도 생기고 결혼도 하게 되었다. 나는 P를 사랑하는 여자 친구가 너무나 아름다워 보이고 회사에 취직해 자리를 잡아가고 있는 그가 무척이나 대견했다. 전공의 시절에는 바빠서 못 만나고 뜸 하다가 진단서 건으로 병원에 찾아 왔던 것이다.

조경사가 되어 중견 회사에서 이사직을 맡다가 드디어 대표이사인 CEO가 되었다. 또 우리 동네로 이사와 두 집은 다시 가깝게 지냈다. 어렵게 살아서 생활력이 강하고 사교적으로 된 그는 우리 부부 결혼기념일을 챙기고는 했다. 연휴나 명절 기간에는 같이 지내기도 했다. 두 집의 아이들도 같은 학교에 다니고 친하게 지내, 사돈이 되지나 않을 까 서로 기대했지만 그런 인연은 아니었다.

회사 생활을 하면서도 학구적인 그는 대학원 과정도 밟아 한국

조경으로 박사학위도 받았다. 회사가 어려워지자 대학으로 자리를 옮기고, 실무 작업에 뛰어난 교수가 되었다. 전공 분야에 관한 저서도 몇 권내고 지방분교 부총장도 맡는 등 인정을 받고 있다. 각 분야에서 어느덧 중견 인사가 되어 자주 만나지 못하고 있지만, 우리 둘은 서로를 자랑스러워하고 있다. 실상은 역경을 이겨낸 그가 더 훌륭하다. 45년 간 우정을 쌓아 온 우리는 'Old wine and friends improve with age(포도주와 친구는 오래될수록 좋다)'라는 격언을 실감한다.

법의학 전공인 이윤성 교수가 나에게 허위 진단서의 공소시효가 5년이라고 알려 주었다. 양심의 가책은 있지만, 옛날에 만든 허위 진단서로 처벌은 받지 않게 된 것이다. 그 이후에는 허위 진단서를 발행하지 않았으니 용서 바란다.

잊지 못하는 제자

그 시점에 나에게 꼭 필요한 사람이었다.
눈앞에 떠오는 친구의 모습, 흩날리는 꽃잎 위에 어른거린다.

대학교에서 나는 두 종류의 대학원 과정에서 학생을 지도하고 있다. 의과대학 출신이 전공의 과정과 병행하여 공부하는 '의학과醫學科' 과정과 자연과학대학 졸업생들이 의과대학 협동과정으로 진학해 공부하는 '의과학과醫科學科' 과정이다. 이 두 과정을 맡아 가르친 30여 명의 제자 중 잊지 못하는 대학원생이 S이다.

S를 처음 만난 날부터 이야기해야겠다. 내가 미국 국립보건원(NIH)에서 연수를 마치고 돌아와 방사면역신티그리피와 양전자단층촬영법(PET)을 연구하다가, 분자영상 개발로 방향을 바꾸는 때였다. 서울대학교 농생명대학을 졸업하고 학사장교로 군 복무 중이라고 장교복을 입은 그가 찾아왔다. 서울대학교 암연구소 홈페이지를 보고 왔다면서 내 연구 분야에 관심이 많아 우리 대학원에 진학하겠다는 것이다. 곧 제대 예정인 그는 자그마한 체격이지만 단정하고 총기가 있어 보였다.

그의 경력이 마음에 들었고 그 시점에 꼭 필요한 사람이기도 했다. 내심 좋아하는 나에게 군대에서 저축한 돈으로 새 학기가 시작하기 전에 견학차 미국에 다녀오겠단다. 진취적인 성격이 기특해 워싱턴 DC에 들릴 때 NIH 핵의학과에 계시는 유명한 한국인 연구자인 백창흠 선생님 연구실을 방문하도록 주선해 주었다. 그는 2001년에 석사과정을 시작해 다른 내 지도학생 이용진과 죽이 맞아 열심히 공부하고 연구했다.

S의 가정형편은 경제적으로 유복한 편이 아니었다. 인천에서 버스 운전기사를 하는 아버지와 교회 일을 돌보는 어머니에 할머니와 동생들이 있었다. 대학교도 군위탁생으로 나랏돈으로 공부했고 대학원 생활도 경제적 여유가 없었다. 그러나 외유내강형인 그는 어려운 내색 없이 교수, 전공의, 연구원과 잘 어울리고 대학원 후배들을 원만한 리더십으로 잘 이끌었다.

2001년 겨울 나는 그 당시 막 시작하는 유전자영상법을 공부하기 위해 미국 플로리다에서 열린 심포지엄에 이용진, S와 함께 참석했다. 오는 길에 이 분야의 선두 주자인 UCLA의 갬비어 교수 실험실을 방문했다. 마침 나에게 펠로우를 했던 민정준 선생이 실험실에 있어 많은 도움을 주었다. 처음 한국을 떠날 때 S는 공항에 늦게 와 비행기를 놓쳤다. 혼자 밤늦게 플로리다 호텔에 도착한 그는 아름다운 호텔 수영장을 보고는 잠을 그냥 잘 수가 없다며 한동안 찬물에서 풍덩거리다가 나왔다. 늦게 오는 잘못은 했지만, 내가 젊었다면 딱 하고 싶은 행동이라 밉지가 않았다.

그 후 우리는 합심하여 한국에서 처음으로 유전자 영상법을

개척했다. 특히 내가 관심을 가지고 있던 나트륨/옥소공동수송체(NIS)를 이용한 연구에 집중했다. 그는 경험이 없는 상태에서도 창의적이고 주도적으로 연구를 진행했다. 특히 필요한 정보를 잘 찾아냈고 참신한 아이디어와 제법 섬세해진 실험기법으로 연구를 수행해, 미국핵의학회지에 우리나라에서 가장 어린 나이에 논문을 게재하기도 했다.

이렇게 당차고 야무지고 똑똑한 그가 마음에 들었다. 20대의 두 딸이 있는 나는 다른 욕심이 생겨 집사람에게 S의 이야기도 해보았다. 그러나 미국핵의학회에 심부름 차 함께 데려간 두 딸은 여행 내내 그에게 관심이 없어 보였다. 어쨌든 대견하고 기특해 분자영상 분야의 대들보로 키우고 싶었다.

그런데 박사 과정으로 진학할 예정인 그가 서울대 치의학전문대학원에 응시하고는 나를 찾아왔다. 죄송스럽지만 집안 형편을 생각해서 진로를 변경했다는 것이다. 그동안 이러한 사실을 전혀 알지 못했고, 기특해하고 도와주려는 마음을 가지고 있던 터라 나는 이 말에 심한 배신감을 느꼈다. 그에게 분자영상 분야에서 선두적인 학자가 되어 가질 수 있는 미래가 치과의사보다 나은 점을 누누이 설명했으나, 그는 끝내 뜻을 굽히지 않았다. 치대학장에게 물어보니 이미 합격자 명단에 들어 있었다.

오랜만에 마음에 들은 제자에게서 외면을 당한 나는 허탈감마저 느꼈다. 그도 내 밑에서 더 공부하고 싶으나 경제적인 사정을 생각해서란다. 나도 대학 교수보다 치과의사의 수입이 더 많다는 것은 인정한다. 그리고 내가 그런 형편이면 치대로 갈 수 있겠다는 생각이 들어 치대학장에게 장학금을 알선해 달라고 부탁했다.

그 다음해 연말 나는 우연히 건강검진에서 초기 위암을 발견해 수술을 받게 되었다. 수술 전날 한밤중에 그가 병실을 찾아 왔다. 비싸 보이는 과일을 사가지고 와서 완치를 기원하였다. 오랜만에 만난 그는 웬일인지 머리를 스님처럼 짧게 자르고 있었다. 나는 쓸데없이 돈을 썼다고 나무라고 머리도 다시 잘 기르라고 했다. 속마음과는 달리 내 얼굴은 찡그린 표정이 되어 있었다.

다음 해 여름 어느 날 청천벽력 같은 소식을 들었다. S가 강원도 바닷가에서 파도에 휩쓸려 익사했다는 것이다. 혼미한 정신으로 인천병원 영안실로 한걸음에 달려가니 대학원 후배인 내 제자 몇 명과 그의 어머니만 단출하게 있었다. 어머니는 당신이 치대 진학을 강요했는데 이렇게 되었다고 후회하고 있었다. 후배 여학생들은 그가 우리 실험실을 떠날 때, 자기 대신 열심히 연구할 것을 당부하면서 "평생 선생님의 치과 주치의가 되겠다"고 약속했었다고 전했다.

영정 사진 속에서 S는 육군 장교 정장을 입은 채 나를 보고 웃고 있었다. 처음 만났을 때 모습 그대로였다. 내 머릿속에는 지난 4년간 그와의 일들이 수많은 화면이 되어 지나갔다. 나는 인생의 덧없음에 그 자리에 주저앉았다. 옆에는 부모님이 만든 조화 하나만 덩그렇게 서 있었다. "우리 잘난 아들 하늘나라로 잘 가거라!"라는 글귀와 함께.

생전 처음 사윗감으로까지 생각해 보면서 아꼈던 그였다. 그러나 미래 희망과 현실 사이의 괴리를 함께 안타까워하지 않았고 진로에 대한 고민을 진정으로 같이 나누지 않았다는 생각이 나를 괴롭혔다. 죄송해하는 그를 외면한 나의 부덕不德을 깊이 반성하면서 가수 김민기金民基가 40여 년 전 대학생 시절 동해로 같이 놀러갔다가 익사한 동창생을 그리면서 기차 안에서 만든 노래 〈친구〉를 나지막하게 불러본다.

검푸른 바닷가에 비가 내리면
어디가 하늘이고 어디가 물이요
그 깊은 바다 속에 고요히 잠기면
무엇이 산 것이고 무엇이 죽었소.

눈앞에 보이는 수많은 모습들
그 모두 진정이라 우겨 말하면
어느 누구 하나가 홀로 일어나
아니라고 말할 사람 어디 있겠소.

눈앞에 떠오는 친구의 모습
흩날리는 꽃잎 위에 어른거리오.
저 멀리 들리는 친구의 음성
달리는 기차바퀴가 대답하려나.

2장. 인연, 아 그리움이여

잃어버린 집

멀리서 누나를 쫓아가기 시작했다. 아무 생각 없이. 학교까지의 길은 멀었다.
가로 세로로 얽혀있는 인연의 거미줄에서, 새로운 인연으로 이어가지 못했다.

초등학교도 들어가기 전인 다섯 살 때였다.

영등포에 살던 누나와 나는 상도동에 계신 할아버지 집에 자주 다녔다. 국영기업체 간부이던 할아버지는 상도동 주택가에, 정원에 분수噴水까지 있는 저택에 살고 있었다. 부자 할아버지는 큰 손녀인 누나와 장손인 나를 끔찍하게 귀여워했다. 본래 입이 짧은 나는 할아버지 할머니의 배려 때문에 더 편식이 심해졌다. 우리는 당시 그 귀한 바나나를 안 먹어 썩혀 버리는 일도 있었다. 나중에는 적적한 할아버지와 할머니가 원해서, 누나를 할아버지 집 근처 강남초등학교에 입학시켰다.

그 후, 상도동 할아버지 집에 가면 오랜만에 만난 누나가 반가워 둘이 잘 놀았다. 그런데 번번이 놀다말고 누나는 학교에 가야 한다는 것이다. 같이 가겠다고 떼를 써도 소용이 없었다. 그래서 어린 생각에 꾀를 낸 것이, 학교에 가는 누나와 순순히 작별인사를 하고, 나는 골목에서 남아 더 놀겠다고 하니 가정부는 집안으로 들어갔다.

멀리서 누나를 쫓아가기 시작했다. 아무 생각 없이 그저 호기심으로. 학교까지의 길은 멀었다. 큰 고개를 두 번 넘었으나, 그래도 놓치지 않고 잘 따라갔다. 학교에 도착 해, 누나 뒤를 따라 교문을 지나 운동장에 들어가니 학생들이 가득 차 있었다. 갑자기 누가 우리 누나인지 분간할 수가 없었다. 겁이 덜컥 났다.

나는 다시 돌아가야 한다고 생각했다. 그러나 할아버지 집이 어느 방향인지 알 수 없었다. 길을 따라 걷다가 아닌 것 같아 점점 걱정이 커진 나는 울기 시작했다. 집 앞 길가에서 머리를 감던 아저씨가 왜 우느냐고 물어왔다. 울면서 띄엄띄엄 사정을 이야기 했다. 아저씨는 딱하다고 말하면서도 어떻게 해주지를 않았다. 기대했던 나는 더 슬퍼졌다. 동네사람과 아이들이 하나 둘 구경하려고 모여들었다.

그 때, 가정집에 신문을 돌리던 형이 자전거에 나를 실었다. 자기가 집을 찾아 주겠다는 것이다. 아마도 고등학생인 것 같았다. 파란색 교복을 입은 여윈 몸매에 검은색 모자를 쓴 모습이 지금도 생각난다. 달리는 자전거 뒤에 앉아 있으니 기분이 다소 좋아졌다. 그러나 한번 헷갈린 나는 비슷비슷한 모양의 주택가에서 할아버지 집을 찾을 수가 없었다.

할 수 없이 집 찾기를 포기하고 그 형은 경찰서에 신고한 후, 자진하여 자기 집으로 나를 데리고 갔다. 이미 해는 지고 사방은 어둑어둑하였다. 형네 집에는 어머니만 한 분 계셨다. 내 사정 이야기를

듣고 불쌍하다면서 저녁상을 차려줬다. 그런데 밥상을 보니, 물에 말은 누룽지 밥과 반찬으로 새우젓 하나만 있는 것이 아닌가! 편식이 심한 나는 그때까지 징그러워 보이는 새우를 먹어 본 적이 없었다. 배가 고파 할 수 없이 누룽지 밥만 조금 먹었다. 옆에서 새우젓도 먹기를 권하던 아주머니는 내가 놀라서 먹지도 못 한다고 더 불쌍해했다.

아주머니는 자기 무릎을 베고 나를 눕게 하고, 얇은 이불을 덮어 주었다. 나를 다독이며 낮은 소리로 노래도 불러 주었다. 아늑했으나, 나는 아까 새우젓을 못 먹은 것이 아주머니에게 정말 미안했다. 오늘은 하루가 너무 길다고 생각하면서 스르르 잠이 들었다.

꿈속에서 나를 두드리며 부르는 소리가 들린다. 깨어보니 아버지와 친척 아저씨가 와계셨다. 나를 찾다가 경찰서에 가서 소식을 듣고 달려 온 것이다. 나는 따뜻한 아버지 등에 업힌 채 할아버지 집으로 돌아 왔다.

할아버지, 할머니, 어머니는 물론이고 야단을 크게 맞은 가정부는 내가 돌아오니 반색을 했다. 그럼, 내가 이 집 장손인데. 다음날, 내 취향에 맞게 나온 밥상에서 나는 처음으로 새우젓에 손을 조금 댔다. 식구들이 모두 놀란 표정으로 나를 쳐다보았다.

....

나를 찾아준 그 형과 아주머니는 지금 어디에 계실까? 그 때가 1957~1958년쯤이니, 그 형은 지금 70세 정도일거다. 아주머니도 아직 살아 계시겠지. 연락이 닿아 한번 만나 볼 수 있으면 좋겠다.

일생을 살다보면 이와 같이 남에게 신세를 지고 보답하지 못하는 경우도 많다. 모든 세상사는 원인과 결과의 산물이라고 한다. 가로 세로로 얽혀있는 인연의 거미줄에서, 이런 경우는 그 분들이 원인이 되어 만든 좋은 결과이지만, 새로운 인연으로 이어가지 못했다.

정말 그럴까?

나는 이 사건이 무의식중 내 생각에 영향을 주어 내가 조금이나마 착해지고 남을 도와주게 했을 것으로 믿는다. 또 반대로, 내가 만일 조그마한 선행을 했으나 되돌려 받지 않은 경우에도, 다른 좋은 일에 원인으로 작용하여 이 세상을 좀 더 아름답게 만들 것이라고 믿는다.

어느 여대생의 선물

나를 좋아 한다는 것이다.
나는 곧 첫 딸의 아버지가 되었고, 아내와 아이 모두 다행히 건강하였다.

전공의 2년차 때의 에피소드이다.

의국 바로 옆에 있는 C교수님 방을 지나가는데, 교수님 여비서가 나에게 도움을 청하였다. 어떤 분의 부탁으로 환자가 왔는데, 교수님이 외부에 나가셔서 1시간 째 기다리고 있다는 것이다. 그 당시에는 지금같이 연락이 쉽게 되는 핸드폰이 없는 시절이었다.

환자는 예쁘장하고 둥근 얼굴의 여대생으로, 갑상선에 갑자기 생긴 혹으로 C교수 진료를 받으려고 하였다. 2cm 크기의 혹은 탱탱하였고 병력으로 보아 갑상선에 생긴 물주머니(낭종, 囊腫)가 틀림없었다. 나는 곧 주사기를 가져와 알코올 솜으로 피부를 소독한 후 1.5cc의 초콜릿 색깔인 용액을 뽑아내었다. 만져지던 혹은 완전히 없어졌다.

더 이상 낭종에 물이 차지 않으려면 갑상선제를 복용하여야 한다고 처방전을 써 주었다. 한창 용모에 관심이 많은 때인 그 여학생은 나에게 몇 번이고 고맙다는 인사를 하였다. 그 후 교수님 외래 진료를 받으러 왔다면서, 두 번인가 그 학생이 의국에 들려 잠시 인사를 하였다. 낭종은 재발하지 않았다.

몇 달 후에 우리 집사람이 첫 아이를 낳게 되었다. 아침에 진통이 약하게 시작되어, 산부인과 교과서를 찾아보니 초산은 평균 12시간이 지나야 분만한다고 쓰여 있었다. 그동안 임신 중에 진료 받던 집 근처의 선배 병원에 아내를 보내고, 나는 12시간 쯤 뒤인 저녁에 갈 요량으로 대학병원에 출근하였다.

점심시간에 혼자 의국에서 책을 보고 있는데 어머니가 급한 목소리로 전화하셨다. 아이가 곧 나오려고 한다는 것이다. 아침에 산부인과 병원에 아내와 같이 가지 않았다고 야단치는 어머니에게 나는 교과서의 12시간 내용을 이야기하였고, 어머니는 전화기 저쪽에서 기가 차 하셨다.

아내에게 가려고 급하게 가운을 벗고 있는데, 그 여학생이 의국에 나타났다. 나에게 할 말이 있다는 것이다. 바쁜 와중에도 무슨 이야기이냐고 반문하는 나에게 수줍게 선물상자를 보이면서 눈치 없이 자기 이야기를 계속 하였다. 나를 좋아 한다는 것이다. (아뿔싸, 유난히 어리게 보이는 나를 총각 선생님으로 착각한 것이다.) 언니와도 상의했는데 직접 이렇게 말하는 방법이 좋겠다고 하여 용기를 내어 왔단다.

추남인 내가 여자에게서 이런 이야기를 들어 좋고 또 황송했지만,

때가 너무 경황이 없었다. 나는 이미 결혼했고 지금 아기가 태어나려고 해서 급히 나가야 한다는 내 말에 얼굴빛이 빨갛게 변한 여학생을 뒤에 두고 나왔다. 나는 곧 첫 딸의 아버지가 되었고, 아내와 아이 모두 다행히 건강하였다.

다음 날, C교수 비서가 어제 여대생 환자가 나에게 남긴 선물이라고 주었다. 상자 안에는 그녀를 닮은 작고 동그란 장미꽃과 함께 샤넬-5 향수병이 들어 있었다.

미안한 생각과 함께, 웬셈인지 약간의 아쉬움이 머리를 스쳐 지나갔다.

우리 집안과 담배

한 인간의 행동을 선악으로 명확히 구분하는 것은 어렵다.
매 순간을 즐기면서 충실히 보내라.

우리 집안과 담배에 엮인 독특한 이야기를 간단히 소개하면 다음과 같다.

내 증조할아버지는 일찍이 조실부모하시고 형제 없이 외롭게 지냈으나 영특했다고 한다. 어려서 고향 고을(충남 예산군 삽교읍) 현縣의 관리(이방?) 눈에 띄어 그 집의 데릴사위가 되었다. 자식은 2남 3녀를 두었다. 그중 장남인 우리 할아버지는 조선 말 고향에서 소학교를 졸업하고, 서울에서 고학을 하여 중등학교를 마쳤다. 역시 똑똑했던 할아버지는 성공하여 그 당시 유수의 회사이던 조선운수에서 높은 자리에 올라 서울지점장까지 하셨다.

할아버지는 1930년대에 요정에서 기생을 만나 딴 살림을 차렸다. 할머니는 고향에서 아들 둘을 낳고 시부모님을 모시면서 살고 있었다. 당시에는 이런 경우가 드물지 않았으나, 집안의 주도권을 가진 증조할머니와 갈등도 있었는지, 할머니는 과감하게 이혼을 했다. 친정으로 돌아가서 나중에는 천원군에 사는 5자매를 가진 홀아버지에게 개가改嫁를 했다.

한편 소학교를 고향에서 마치고 상경하여 수원과 서울서 학교를 다닌 아버지 형제분은 기생이었던 계모 아래에서 친어머니를 그리워하면서 사춘기를 지냈다. 프로이드 정신분석에 의하면 정신 성장의 구강기(oral stage)를 순조롭게 보내지 못한 셈이다. 두 분은 심리적으로 어머니 젖꼭지에 해당하는 담배에 집착하여 평생 끊지 못했다. 나중에는 두 분 모두 폐가 망가져 폐기종이 되었고 합병증으로 폐렴에 걸려 돌아 가셨다. 허약한 몸에 기침을 하면서도 담배를 끊지 못하는 아버지를 보고 자란 우리 남매들은 아예 담배를 배우지도 않았고, 결혼 후 남편들도 모두 끊게 했다.

불교의 연기론緣起論 입장에서 생각해 보자. 할아버지의 외도가 원인이 되어 아버지 형제가 골초가 되었다. 끽연이 원인이 되어 폐가 망가지는 폐기종이 생기고, 폐기종의 합병증으로 폐렴이 생겨 사망하였다. 이런 아버지의 끽연이 또 원인이 되어 우리 세대가 담배를 멀리하게 된 결과가 생겼다. 할아버지 외도의 또 다른 결과로, 기생 출신의 서모는 아버지 형제에게 정상적인 가정환경을 만들어 주지 못했다. 아버지는 반작용으로, 결혼 후에 아주 가정적이 되어서 화목한 집안을 이루었다. 이와 같이 한 가지 원인이 여러 결과를 낳고, 또 그 각각의 결과가 원인이 되어 또 다른 여러 결과가 생기는 것이 인생사이다. 이 연기론이 석가가 보리수나무 아래에서 깨달은 불교의 세계관이다.

더 생각해 볼 점은, 연기론에 의한 인연의 각 단계에서 우리 판단력과 의지가 중요한 작용을 한다는 점이다. 아버지가 할아버지의 외도를 반면교사로 삼아 평생 방탕하지 않고 가정적이 되었다든지, 우리가 금연을 하고 있다는 것이 저절로 생기는 결과는 아니다. 선친을 흉내 내어 외도를 할 수도 있고, 또 흡연을 즐길 수도 있다. 그 원인과 결과를 각 개인이 판단하고 좋은 인연으로 바꾼다는 의지가 작용한 결과이다.

그러나 좋고 나쁜 인연을 명확하게 나눌 수 있을까? 할아버지의 외도도 우리가 잘 모르는 어떤 원인들에 의한 것이다. 데릴사위로 들어 간 부친과, 집안의 주도권을 가진 모친과의 부부관계가 원인일 수도 있다. 물론 데릴사위로 들어갔기 때문에 우리 집안이 번성하였다. 이와 같이 '데릴사위' 건이 여러 좋고 나쁜 사건의 원인으로 작용했을 것이다. 또, 할아버지 때문에 우리 가족이 시골에서 농사를 짓지 않고 서울에 와 일찍이 white color가 된 것도 여러 인연의 결과이다.

이와 같이 한 인간의 행동을 선악으로 명확히 구분하는 것은 어렵고, 사실은 실타래처럼 복잡하게 엉켜있는 인연만 있는 것인지도 모르겠다. 그러나 무수한 인연의 원인과 결과가 교차하고 있는 이 순간에 우리가 판단하기에 선한 생각과 행동으로 일관한다면, 세상은 조금씩이나마 좋아지지 않을까? 매 순간을 즐기면서 충실히 보내라. 하버드대를 나온 현각 스님이 즐겨 말하는 순간경瞬間經이다.

두 할머니의 엇갈린 삶

할머니를 따라가 백마강, 은진미륵을 구경한 기억이 난다.
적극적으로 인연의 끈을 이어 인생을 좀 더 살 만하게 만들어야 하지 않을까?

나에게는 할머니가 두 분 계시다. 쉽게 말하면 우리 할아버지가 두 분의 할머니와 사신 것이다.

할아버지가 16살 때 동갑인 친할머니와 고향 시골에서 결혼하셨다. 서울에 가서 공부하고 출세한 할아버지는 젊어서 기생과 딴 살림을 차렸다. 시골서 아들 둘을 키우면서 시부모님을 모시고 살던 할머니는 과감하게 할아버지와 이혼하고, 나중에 천원군에 사는 홀아버지에게 다시 시집갔다.

우리는 어렸을 때, 기생 할머니를 친할머니로 알고 지냈다. 약간 기다란 얼굴의 미인인 기생 할머니는 술과 노래와 여행을 즐겼다. 할머니를 따라가 백마강, 은진미륵을 구경한 기억이 난다. 아무래도 보통 주부와는 다른 할머니는 자식 교육이나 재산에는 관심이 없었다. 우리 아버지 형제에게도 어머니 역할을 제대로 하지 못했다. 그래도 여느 할머니와 똑같이 손자인 우리를 귀여워해 주었다. 한번은 변을 못 보아 배 아픈 적이 있었다. 할머니가 나를 병원에 데리고 갔는데, 의사 선생님이 아주 커다란 주사기를 가지고 나오는 것이었다! 질겁하는 나에게 선생님은 궁둥이에 놓을 주사가 아니라고 했다. 할머니가 믿으라고 약속해, 항문으로 관장을 했고 집에 오는 길에 대변을 누었다.

초등학교 4학년 겨울방학 때, 천안 친구 집에서 친할머니를 처음 만났다. 아버지는 그동안 친할머니와 몰래 연락을 하고 있었다. 집안 장손인 나를 할머니가 보고 싶어 했다. 그 날이 기억난다. 친구 집에 있는데 낯설지 않은 어떤 할머니가 들어왔다. 나를 보자 울먹이면서 누군지 알아보겠냐고 물었다. 내 누이와 비슷하여 어디선가 본적이 있다고 하니 무척 기뻐했다. 할머니는 천원군 시골집으로 나를 데리고 갔다. 그 곳 할아버지도 나를 친손자처럼 여겼고, 전처의 자식인 5남매도 나를 즐겁게 해주어 할머니 집에 오래 있게 하려고 온갖 노력을 했다.

초등학교 5학년 때 할아버지가 갑자기 돌아가셨다. 임원으로 있던 회사를 퇴직하신지 얼마 안 지나서였다. 돌아가시고 나니 재산이라고는 집 한 채 뿐, 오히려 빚도 있었다. 아무도 집안 관리를 하지 않은 것이다. 장례를 치루고 나서, 우리 부모님은 빚을 떠안았고 그 집은 기생 할머니에게 주었다. 기생 할머니는 첫해 제사에 오고는 우리 집에 발길을 끊었다. 우리 부모님도 더 이상 찾지 않았다.

그 후로는 친할머니가 큰 집안일이 있을 때마다 서울에 오시곤 했다. 나이가 드신 천원군 할아버지는 농사를 안 짓고 친할머니와 천안시내로 이사했다. 대학생이 된 나는 친구 집과 함께 할머니 집도 자주 다녔다.

대학생 손자가 기특한 할머니는 만날 때마다 가지고 있는 모든 돈을 용돈이라면서 주시곤 했다. 내가 싫다고 해도 한사코 많은 돈을 주었다. 사실은 용돈이 필요해 내려 간 적도 있다. 지금 생각하니 부끄럽다. 혈육의 사랑은 아래로만 흐르는가 보다.

대학을 졸업하는 해, 수원 친정에 계시던 기생 할머니가 병으로 위독하게 되었다. 그 소식을 듣고 부모님이 수원에 찾아 갔다. 기생 할머니는 반가워하면서, 손자로 키웠던 누나와 내가 제일보고 싶다고 했다. 할머니 집에서 초등학교를 다닌 누나가 생각나고, 죽기 전에 조그만 어린애가 의대생으로 컸다는 나를 보겠다고 했단다. 부모님은 반대했고, 결국 못 찾아보았다. 한 때는 할머니-손자로 맺었던 인연을, 우리 세대가 이었으면 좋았을 것을. 후회가 된다.

1985년에 친할머니가 갑자기 돌아 가셨다는 소식을 들었다. 우리 가족이 가서 양쪽 집안에서 장사를 모셨다. 천원군 할아버지는 건강하셨다. 앞으로도 자주 들리겠다는 내 말에 '찾아와 주면 무척 고마운 일이나 쉽지 않은 일'이라고 대답하셨다. 그 후 생각과는 달리 찾아보지 못했고, 할아버지는 일 년 후에 돌아 가셨다. 이렇게 하여 인연은 끊어졌지만, 죄송스런 마음의 끈은 지금도 바람에 날리고 있다.

할머니 두 분 모두 결코 행복한 일생을 살지 못했다. 피가 섞였거나 안 섞였거나 손자와 자식을 옆에 두고도 만나지 못했다. 사회 관습의 벽, 마음의 벽 때문에. 이제는 우리 모두가 적극적으로 인연의 끈을 이어 인생을 좀 더 살 만하게 만들어야 하지 않을까? 불행하게 사신 두 할머니가 똑같은 손자인 나에게 남겨준 말없는 유훈이다.

아버지와 아리랑

아버지는 자식과도 친구처럼 허물없이 지내 누이들과는 공기놀이도 하셨다.
아버지의 장례를 치르는 동안 웬일인지 줄곧 아리랑 노랫가락이 머리에 맴돌았다.

요즈음 같은 환절기가 되면 심한 기온차이 때문에 호흡기 질환이 잘 생긴다. 특히 폐기능이 떨어진 노인은 감기, 인플루엔자와 합병증으로 폐렴에 걸리기가 쉽다. 이십 년 전 우리 아버지도 폐렴으로 돌아가셨다. 찬바람이 부는 환절기가 오면 자연히 아버지에 대한 그리움과 함께 회한悔恨을 느끼게 된다.

우리 아버지는 아주 가정적이셨다. 그 당시는 대개 아버지는 바깥일에만 관여하여 집안일은 온전히 부인의 몫이었고, 아버지와 자식 간에도 대화가 거의 없던 시절이었다. 그러나 아버지는 퇴근 후 일찍 집에 오셔서 우리와 많은 시간을 보내셨다. 대문을 들어서는 아버지의 손에는 항상 먹을 것이 들려 있었고, 그래서 아버지의 퇴근 시간이 더욱 기다려졌는지도 모를 일이다. 또 밤늦게 속이 출출할 때면 국수나 다른 야식 거리를 만들어 식구들과 맛있게 먹기를 좋아하셨다.

아버지는 각종 놀이를 좋아하시고 또 잘 하셨다. 어린 시절 한번은 할아버지 백을 믿고 다듬이 방망이를 깎아서 윷을 만들어 놀았다고 한다. 수원에서 중·고등학교를 다니면서 트럼펫을 불고 테니스를 즐기는 멋쟁이로, 방학이 되어 시골 고향에 오면 사촌동생들이 많이 따랐다고 했다. 집안 어른들과 여가에 즐기는 화투놀이도 잘 하셨다. 자식과도 친구처럼 허물없이 지내, 나에게 야구를 가르쳐 주거나 배드민턴을 즐기고 심지어 누이들 하고는 공기놀이도 하곤 하셨다.

또 애처가로도 유명했다. 서울과 수원에서 학교를 다니던 아버지는 할머니(나의 증조할머니)가 고향 시골에서 손자며느리로 선택한 우리 어머니를 처음에는 좋아하지 않으셨다. 도피 차 울릉도 지점으로 전근 갔다가 일 년 뒤 서울로 돌아와 결혼하셨다. 아버지 말씀이 몰래 처갓집에 가 훔쳐보니 그동안 어머니가 더 자라고 예뻐졌다고. 아무튼 결혼 후 두 분은 금슬이 좋았다. 미인이고 부지런 하면서 가족 어른에게 잘하는 어머니를 마다할 남편은 없을 것이다.

아버지가 이렇게 가정을 중요하게 여긴 것은 사연이 있었다. 부모(우리 할아버지와 할머니)가 이혼을 하여 어려서부터 계모 밑에서 자랐기 때문이다. 특히 기생 출신의 서모여서 술과 노래로 인생살이는 즐겼으나 가정살림을 등한시했다. 이에 대한 반작용으로 아버지는 결혼 후 아주 가정적으로 되신 것이다.

아버지는 술이 약해 맥주 한잔이 주량인 반면에 심한 애연가셨다. 하루에 2갑 정도의 담배를 평생 동안 피우셨다. 어려서 홍역을

심하게 앓고 후유증으로 기관지 확장증과 폐기종이 생겨 젊어서부터 고생을 했으나 담배를 끊지는 못했다. 프로이트의 설명을 빌리면, 어머니의 사랑을 못 받아 정신분석학적으로 구강기(oral stage)에 콤플렉스가 있는 것이다. 즉 아버지에게 담배꽁지는 헤어진 엄마의 젖꼭지인 셈이었다.

아버지는 집안의 장손이자 외아들인 나에게 의과대학 진학을 적극적으로 권하셨고 의사가 된 나를 무척 자랑스러워 하셨다. 월급쟁이로 평생을 지낸 당신의 입장으로는 의사는 신분이 안정되면서도 자유로운 직업이었기 때문이다. 또 어려서부터 특히 몸이 약한 내가 걱정이 되어서였다. 내가 의료계에 몸담고 있으면 동료 의사들이 잘 돌보아 주겠지 하는 생각이셨다. 나를 위해 고향에 있는 수덕사에서 어머니와 함께 부처님에게 백팔 배를 올리곤 하셨는데, 지금도 몸이 약하니 아버지께 죄송스럽다. 살아계셨다면 누구보다도 나를 자랑스러워하고 또 걱정하시리라.

우리 아버지는 너무 일찍 돌아가셨다. 당시 65세이셨고 살아 계셔도 이제야 86세인 셈이다. 폐기종과 끽연으로 폐가 약해져 감기가 폐렴으로 발전하곤 했다. 내가 미국에서 연수 후에 귀국한 1989년 겨울에는 고비를 넘겼으나, 이듬 해 매서운 봄바람에 재발한 폐렴을 이겨내지 못하셨다. 불교 연기론緣起論의 입장에서 보면 할아버지가 이혼을 해 만든 원인으로 담배를 많이 피게 되었고 그 결과로 폐가 망가져 돌아가신 것이다. 물론 이것이 다시 원인이 되어 우리 세대의 식구 중에는 끽연을 하는 사람이 없고, 가정적인 아버지 밑에서 행복한 어린 시절을 보낼 수 있었다. 결과론이지만 나쁜 인연은 아버지 대에서 끝나고, 우리는 온전히 좋은 인연의 혜택만 받은 것이다.

아버지의 장례를 치르는 동안 웬일인지 줄곧 아리랑 노랫가락이 머리에 맴돌았다. 전에는 거의 불러 보지도 않은 민요인데…….

아리랑 아리랑 아라리요 아리랑 고개로 넘어간다.
나-를 버리고 가시는 님은 십 리도 못 가서 발-병난다.

우리 민족의 애환이 담겨 있는 아리랑, 그 노랫말 또한 절절하다. 떠나가는 님이 너무나 소중하고 애처로워 더 큰 엄포도 못하고 고작 발에 병이 난다고 위협한다. 실제로는 효과가 없는 위협이다. 아니, 생각해보면 그래서 더 처절한 부탁이 아닐까? 물론 그 님은 다시 오지 못하고 아리랑 고개를 넘어가고 만다. 떠나는 님의 마음은 오죽할까? 생각해 보니 이처럼 단순하면서 이보다 더 슬프고 애잔한 이별의 노래가 없겠다.

왜 아리랑이 그때 생각났을까? 현실 삶에서 만나는 어쩔 수 없는 비극적 운명에 대한 우리 민족의 한恨이 아리랑 노래가 되었다고 한다. 애절한 바람을 노래하나 원하는 일이 실제로 이루어지지는 않는다. 그러나 부둥켜안고 눈물을 흘리면서 아리랑을 같이 부르면 우리는 하나가 되고, 감정적으로 카타르시스를 맛보게 된다. 그런 후에는 사랑하는 임의 부재를 마음으로 받아들이고 현실에 다시

적응해 나가게 되는 것이다. 어쩌면 이별의 상처에 가장 좋은 치유제인 셈이다. 평소에는 부르지도 않았지만 한국인인 나의 마음속 DNA에 아리랑이 이별의 노래로 아니 이별을 위로하는 노래로 새겨져 있던 것이리라.

아리랑을 마음속으로 부르면서 아버지 죽음에 대한 내 회한도 누그러지고 감정도 점차 정리가 되어갔다. 이제는 부처님이 계신 좋은 곳에서 아버지가 잘 지내시고, 세월이 흘러 나중에 다시 만날 날을 기다리고 있다.

암에 기죽지 않고 이긴 고창순 교수님

의학계에서 고창순 교수님은 암을 세 번 극복하신 것으로도 유명하다.
진인사대천명盡人事待天命, '사람으로서 할 수 있는 일을 다 하고 나서 천명을 기다린다'

의학계에서 우리 고창순 교수님은 암을 세 번 극복하신 것으로도 유명하다.

첫 번째가 일본 소화의대 인턴이던 1957년이다. 한국전쟁 중 우리나라에선 제대로 교육을 받을 수 없었기 때문에, 선생님이 살던 부산의 상류층 자제들은 일본에서 학교를 다녔다. 서울대 의예과에 입학한 고 선생님도 세태에 따라 일본으로 밀항하여, 고학을 하며 동경에 있는 소화昭和의대를 졸업하고 인턴이 되었다.

인턴 근무 중 복통이 생겨 이동콩팥(movable kidney)으로 진단받고 소화의대 부속병원에서 수술했으나 효과가 없었다. 나중에 대장암을 발견하여 대장의 반을 절제하였다.

당시에는 암에 걸리면 대부분 사망했으나, 고 선생님은 기적적으로 살아났다. 훗날 모교 병리과 교수님이 정년퇴임하고 한국에 여행 왔을 때, 고 선생님 부부가 식사 대접을 한 자리에서, 그때 틀림없는 암 조직이었는데 이렇게 살아있으니 장수할 것이라고 축복했다고 한다.

이문호 교수님의 회고담이다. 고 선생님을 전혀 모르던 시절이다. 1950년대 말, 일본에 학회 차 갈 기회가 있었다. 당시에는 일간지 신문에 이런 동정動靜이 실리곤 했다. 떠나기 전날 점잖은 중년부인이 신문을 보고 찾아 왔다. 일본에 가시면 부탁이 있다는 것이다. 일본에서 대학에 다니는 딸이 암수술을 받은 고창순이라는 청년과 연애하여 결혼을 하겠다고 우기는데, 바쁘시겠지만 상태가 어떤지 알아봐 달라는 간절한 요청이었다. 흥미를 느낀 이 교수님은 소화의대 병원을 방문했고, 초록草綠이 동색同色이라, 고 선생님에게 유리하도록 부인에게 회답했다고. 결국 고 선생님은 지금의 사모님과 결혼했고, 이 인연으로 나중에 이 교수님의 제자가 되었다.

두 번째 암은 1982년 봄에 발견됐다. 당시 병원의 모 사건을 책임지고, 선생님은 부원장을 용퇴했다. 얼마 전부터 속이 쓰렸으나 그 일 때문에 생긴 스트레스성 위염 정도로 알았다. 하루는 연희동 집 담장이 우르르 무너지는 꿈을 꾸어서, 불길한 생각이 들어 아침을 굶고 내시경을 하여 계란크기의 십이지장암을 발견했다.

수술은 서울의대에 외과 교수로 있다가 개업한 민병철 교수와 조수로 이승규 선생이 집도했다. 이미 퇴직한 민 교수가 수술한다고 외과 일부에서는 불만을 말했으나, 민 교수가 그 분야의 국내 최고 권위자이고 고 선생님과 사돈이자 절친한 사이라 이해가 됐다. 15시간에 걸쳐 민 교수는 정성을 다해 Whipple 수술을 하고, 고 선생님은 초인 같은 의지로 회복한다.

두 해 지난 1984년, 제3차 아시아대양주 핵의학학술대회를 사무총장으로 서울에서 성공리에 개최했다. 다시 병원의 제일 부원장을 맡고, YS 대통령의 주치의가 되어 바쁘게 지냈다. 이 시기에 핵의학 전문의 제도가 생기고, 핵의학교실이 서울의대에 생긴다.

세 번째 암은 정년퇴직하는 해인 1997년에 발견됐다. 심포지엄, 교과서와 업적집 발간, 기념만찬 등 퇴임행사를 하면서 체중감소가 있었다. 9월 초 퇴임 직후 검사를 받아보니 간암이 생겼고 부신, 대정맥에 전이가 있었다. 다시 이승규 선생님이 15시간의 수술로 완전절제 하였다. 간경화의 합병증으로 생긴 간암이 다시 여러 번 다발성으로 재발되었으나, 그때마다 색전술로 해결했고 현재는 문제가 없다.

이렇게 세 번의 암에서 기적같이 완치됐다. 그것도 모두 진행된 암에서. 이런 예는 의학계에서도 아주 희귀하다. 아마도 선천적으로 암을 이기는 면역체계가 발달되어 있지 않을까하는 짐작뿐이다. 옆에서 우리가 보기에는 선생님의 의지력이 큰 영향을 미쳤을 것이라고 생각한다.

〈암에게 기죽지 말라〉라는 책에서 고 선생님은 비법으로 환자의 의지와 음식을 강조했다. 계절에 맞는 음식을 영양가 있게 먹는 것이 유일한 암치료제 였다. 이점에서 사모님이 일등공신이다. 투병중일 때 철 따라 영양가가 풍부한 식단을 정성껏 마련했다. 항상 선생님 옆에 먹을거리를 준비해 주어, 우리도 많이 나누어 먹었다.

선생님의 의지력은 유명하여, 오뚝이라는 애칭으로 불린다. 십이지장암 수술 후 아시아대양주 핵의학회를 홍보하기 위해, 간담도관을 유지한 채 복대를 하고 프랑스와 스위스를 다녀와 주위 사람들을 놀라게 했다. 합병증인 염증이 생겨 고생은 했지만, 선생님은 아프다고 해서, 전에 하던 학문적 사회적 활동을 늦추지 않았다. 선생님의 수술 후 건강관리는 전설적이다. 발목에 모래주머니를 달고 틈틈이 걷고, 즐겁게 살고, 남을 많이 돕는다.

여기에 선천적으로 낙관적인 성품을 가지고 있다. 진인사대천명 盡人事待天命, 즉, '사람으로서 할 수 있는 일을 다 하고 나서 천명을 기다린다' 라는 적극적이지만 종교적이기도 한 금언의 실천자다. 독실한 천주교 신자여서 일까?

마지막 암을 수술한지도 13년이 넘었다. 일종의 신기록이다. 아마 세계기록이 아닐까? 매일매일 자신의 기록을 깨면서 건강하게 천수를 누리시기를 기원한다.

피천득 선생님과 나목裸木

피천득 선생님의 글에서 인간의 삶을 맑은 영혼으로 꿰뚫어 보는 지혜를 느낀다.
부자는 돈이나 재산이 많은 사람이 아니다. 추억이 많은 사람이 진짜 부자다.

우리나라의 대표적인 수필가로 누구나 금아琴兒 피천득 선생님을 손꼽는다. 중·고등학교 교과서에 〈인연〉, 〈내가 사랑하는 생활〉, 〈수필〉 같은 작품이 실려 있어 모두들 자연스럽게 선생님을 만나게 되기 때문이다. 또 작품을 읽고 나면 그분의 착한 심성과 섬세한 감성에 공감하고 심취하게 된다. 나 역시 때때로 선생님의 글에서 인간의 삶을 맑은 영혼으로 꿰뚫어 보는 지혜를 느낀다.

내 친한 벗 중에 영상의학을 전공하는 L이 있다. 그가 K대학병원에 근무할 때 피천득 선생님이 L에게 복부 초음파 검사를 받고 난 후 그에게 반하게 되었다. 총명하면서 예절바르고, 환자에게 쉽고 친절하게 설명을 해주었기 때문이었다. 그 날 이후 금아 선생님은 병원에서 진료를 받을 때마다 진료 분야에 관계없이 L을 찾았다. 같은 병원에 의사로 있던 선생님의 아들도 간곡하게 부탁하여 매번 선생님을 안내하고 진료하였다. 물론 평소 선생님을 존경하고 작품과 생활 태도를 좋아했기 때문이기도 했다. 그 친구도 경우 바르고 욕심이 없었다.

몇 년 뒤 L은 미국 연수를 갔다가, 그 병원에 아주 정착하게 되었다. 워낙 똑똑하고 능력이 출중해 미국 대학병원에서 스카우트를 한 것이다. 당시로서는 아주 드문 경우였다. 서울생활을 정리하기 위해 귀국한 친구 부부는 고령의 금아 선생님께는 마지막일지도 모르는 작별인사를 하러 갔단다. 선생님은 많은 아쉬움과 한편으로는 축복의 말씀을 하면서 유화 한 점을 주셨다. 박수근 화백의 〈나목裸木〉 계열 그림 중 하나였다. 행운을 기리는 이별 선물이라고 하면서 진짜가 아닌 사본이니까 부담 갖지 말라는 당부를 덧붙이면서.

이상이 내가 수 년 전 미국에 있는 그 집에 방문했을 때, 현관 신발장 위에 걸린 〈나목〉 그림을 가리키며 L이 한 설명이다. 4호짜리의 그리 크지 않은 유화로 박수근 화백의 전형적인 나목 시리즈의 하나였다. 오랜 풍화를 견딘 화강암 같은 질박한 색조를 바탕으로 아이를 등에 업은 여인과 헐벗은 나무가 서있었다. 지친 몸으로 집으로 돌아가는 아낙네의 모습에서 친근감과 삶의 고달픔을, 홀로 서있는 나무와 화강암 색조는 인내와 세월의 무상함을 표현하고 있었다.

이 유화를 보고 나는 금아 선생님의 집을 방문해 인터뷰를 한 TV 프로그램을 떠올렸다. 선생님은 그림을 무척이나 좋아해 아파트 거실 벽에 여러 점을 기대어 두고 있었는데, 기자가 그림을 벽에 걸지 않은 이유를 물어보니, 다른 그림과 자주 바꾸어 보기 위해서라고. 그만큼 그림을 많이 가지고 있다는 의미도 된다. 당신 나이가 90세를 넘어 여생이 얼마 안 남았고, 좋아하고 신세를 진주치의가 외국에 영원히 살러 간다면, 진본을 놔두고 과연 사본을 줄까? 선생님은 당신처럼 심성이 고운 L을 특히 아꼈는데.

나는 친구 부부에게 이 이야기를 하면서 진본이 틀림없다고 주장했다. 사실이라면 20억 원 이상을 호가하는 명작이다. 최근에 〈빨래터〉라는 박 화백의 그림이 45억 원에 경매된 적도 있으니까. 너는 이제 부자가 됐다고 추켜세우는 내게 친구는 복사본이라고 대수롭지 않게 말하더니, 일 년 뒤 그 집에 다시 들렀을 때 그림은 안방으로 옮겨져 있었다.

금아 선생님이 돌아가신 지금, 진본 여부를 알아볼 길은 한국에 가져와 전문가 감정을 받는 방법밖에 없다고 한다. 그러나 그림을 운반하는 것도 문제고 이런 사실이 만약이라도 바깥으로 알려지면 일이 더욱 복잡하고 어렵게 된다. 도둑맞을 위험도 있다. 이런저런 궁리를 하던 중, 생전에 금아 선생님이 하신 말씀을 우연히 읽게 되었다.

"부자는 돈이나 재산이 많은 사람이 아니지요. 추억이 많은 사람이 진짜 부자입니다. 파리의 개선문은 나폴레옹이 세운 것이지만 그의 것이 아니라 그곳을 거니는 연인들 것이거든요. 꼭 좋은 그림을 소유해야 행복한 것도 아니죠, 기억 속에 넣어 두면 됩니다. 좋은 기억은 욕심으로 살 수 있는 게 아니랍니다."

그림의 진위眞僞를 알아내려고 하는 내 소견이 얼마나 좁은지를

깨우쳐 주는 말씀이었다. 중요한 것은 진품 여부가 아니라 그림이 품고 있는 화가의 생각과 감성 그리고 금아 선생님과 내 친구 사이의 아름다운 추억과 기억이다. 피천득–L–박수근–나로 이어지는 인연과 추억과 함께 친구 집에 있는 〈나목〉의 진위 여부는 내 평생 풀 수 없는 행복한 궁금증으로 남게 되었다.

어느 사랑을 위한 변명

중요한 것은 서로 사랑한다는 진심에 있지 겉모양새에 있지 않다.
가장 중요한 건 눈에 보이지 않는단다. 마음으로 보아야 잘 보인다.

남녀 간의 사랑처럼 신비한 것이 이 세상에 또 있을까? '남'에서 점 하나 만 떼면 '님'이 되듯이 전혀 관련이 없던 남녀가 사랑을 하게 되면 이 세상에 누구보다도 가장 가까운 사이가 된다. 남녀 간의 사랑이야기는 동서고금을 불문하고 과거와 현재 언제나 유행하는 영원한 주제이다. 거의 모든 소설, TV 드라마와 영화의 내용이고 인류가 존재하는 한 지구상에서 가장 흔히 들리는 단어일 것이다.

신화에도 나오는 청춘 남녀 사이의 전형적인 육체적, 정신적 사랑 외에도 성性의 정체성에 혼돈이 오면서 동성애, 성전환자의 사랑 등이 나타나고, 타 민족 간의 사랑, 노인과 청춘의 사랑 등, 사랑의 모습은 점점 다양해지고 있다. 혹자는 이런 현상이 잘못된 것이고 말세라고 개탄하겠지만, 당사자들의 생각은 다를 것이다. 중요한 것은 서로 사랑한다는 진심에 있지 겉모양새에 있지 않기 때문이고, 개인적 사회적 환경에 따라 사랑도 나름대로 변할 수 있기 때문이다. 여기 남녀 간의 특이한 사랑 이야기를 하나 소개하겠다.

우리 원로 선배의 아버지인 의사 A 선생님은 경상남도 B읍에서 평생 동안 의사로 일하셨다. 고지식한 성품에 부지런하셨던 그분은 읍에서 유일한 의사로 신망이 두터웠고, 일생을 주민들과 어울려 즐거움과 어려움을 같이하셨다. 어려운 이웃에게는 무료 진료뿐 아니라 인생 상담과 지도도 종종 해 주셨다고 한다.

어느 가난한 집안의 딸 C가 간호부로 이 병원에서 일하게 되었다. 그 당시 간호부는 학교에서 제대로 교육을 받지 않고 병원에서 청소, 빨래 등 허드렛일을 하다가 점차 현장에서 의료지식을 배워서 간호를 맡게 되는 경우가 많았다. A 선생님은 총명했던 C를 특히 예뻐하고, 똑똑하니 공부를 더 하라고 격려했다고 한다. A 선생님의 도움으로 공부를 위해 일본으로 건너 간 그녀는, 고학으로 검정고시를 합격하고 우여곡절 끝에 의과대학을 졸업하였다.

여의사가 된 C는 A 선생님처럼 주민들과 평생을 보낼 생각으로 일본의 외딴 시골 마을에서 개업을 한 후 결혼할 기회를 놓친 채 15년을 의사로 일하며 보낸다. C는 같이 간호부로 있었던 고향 친구를 우연히 만나, A 선생님은 은퇴하셨고 사모님이 일찍 돌아가셔서 서울에 있는 아들이 모시고 있다는 소식을 듣게 된다. 선생님이 평소 일본으로 건너간 자기 소식을 궁금해 했다는 이야기와 함께.

이미 나이 오십이 된 C 선생님은 일본에서 병원을 정리하고 서울로 와 자리를 잡았다. 그러고는 A 선생님을 찾아와 여생 동안 모시기를 간청하였다. 어린 시절 꿈꾸던 선생님에 대한 사모의 정과 현재 외로운 노인이 된 선생님에 대한 모성애가 함께 작동한 것이다. 고지식한 아버님은 펄쩍 뛰었지만 여자 분의 진실한 태도에 점차 바뀌어졌다. 두 사람이 같이 가지고 있는 고향 B읍의 기억과 무의식 속에 숨어 있던 사랑이 둘을 가깝게 하였다. 마침내 아버님은 C 선생님이 병원 일을 하는 주중에는 아드님 집에 계시다가 주말이면 그 댁으로 가 지내셨다. 우리 선배님 형제들은 그녀를 어머니로 모시면서 고마워했다.

두 분은 나이 차이는 많으나 천생연분인 것처럼 재미나게 사셨다. A 선생님은 젊고 애교와 센스가 있는 C 선생님과 또 다른 부부의 정을 쌓았다. 마른 고목 같이 재미없던 시골 할아버지의 인생에 때늦은 잎이 나오고 꽃이 핀 것이다. 또한 말년에 지병으로 고생할 때 여자 분의 지성어린 간호는 아버님에게 큰 힘이 되었다.

결국 A 선생님은 돌아가시고 은퇴하게 된 C 선생님의 남은 꿈은 장학회를 설립하는 것이었다. 그것도 자기처럼 가난한 의대 여학생을 도와주는. 그러나 할머니의 재산은 법정 장학회를 만들기에는 부족했다. 이에 A 선생님의 자식들이 힘을 모아 드디어 C 선생님의 이름으로 장학회를 설립했다. 나도 한때 감사로 초빙되어 장학회 실무를 도운 적이 있다. 장학생의 선발기준이 독특해서 성적이 떨어지는 학생부터 장학금을 지급한다. 의과대학에 들어올 정도의 지적 능력을 가진 학생이 성적이 나쁜 것은 어려운 환경 때문이고 이 환경을 변화시켜 악순환을 끊어야 공부도 잘 할 수 있다는

독특한 생각에서다.

다시 세월은 흘러 C 선생님은 평생소원이었던 장학회 일을 하시다가 타계하셨다. 물론 A 선생님 자녀분들에게 여전히 어머니로 대접받으면서. 나는 이 점에서 선배 집안 분들에게 경의를 표한다. '님' 자에서 점 하나만 붙이면 쉽게 '남' 이 되듯이, 할아버지가 돌아가시고도 피를 안 나눈 사람끼리 가족으로 지내는 것이 쉽지 않기 때문이다. 심지어 요즘은 친형제자매 끼리도 재산을 놓고 싸우기가 일상인데. 그만큼 돈의 가치가 형제나 가족 간 우애의 가치보다 높아진 것이다.

겉으로 보면 A와 C 선생님은 15년 나이 차이였다. 부부보다는 거의 아버지와 딸 사이 정도이다. 그러나 나는 여느 남녀 간의 사랑에 비교해 부자연스럽거나 부도덕적이지 않았다고 생각한다. 두 분은 진심으로 서로 사랑했다. 그저 두 분사이의 인연이 그랬던 것이다. 생텍쥐페리 소설 〈어린왕자〉에 나오는 "가장 중요한 건 눈에 보이지 않는단다. 마음으로 보아야 잘 보인다"라는 여우의 말처럼.

그 여우의 말 하나 더. "네 장미꽃을 그토록 소중하게 만드는 건 그 꽃을 위해 네가 소비한 그 시간이란다……. 사람들은 이 진실을 잊어버렸어. 네가 길들인 것에 언제까지나 책임이 있어." C 할머니와 A 선생님 그리고 자녀분들이 같이 보낸 시간과 함께 책임 있는 생각과 행동이 그 들을 '남' 이 아닌 '님' 으로 남게 한 것이다. 또 두 분의 늦깎이 사랑을 아름다운 만남이었다고 변명할 수 있게 만들었다.

기초의학자 김기환 선생님

*덕불고 필유린德不孤 必有隣 : 덕을 쌓으면 외롭지 않고 반드시 이웃이 있다.
나에게 적절한 조언을 해주셨다.*

김기환 선생님은 의과대학생 시절 나의 지도교수님이었다. 그 당시 서울의대에서는 한 학년의 4~5명을 같은 교수에게 4년 동안 지도학생으로 배정했었다. 우리 학년 4명이 함께 배정받았으나 내가 특히 선생님을 자주 만났다. 집안사람 중 의업에 종사하는 사람이 없던 나는 선생님에게 학업 외에도 전반적인 지도를 받았기 때문이다.

김 선생님에게는 우리가 첫 번째 제자이었다. 기초의학 중 생리학(physiology)을 전공한 선생님은 조교와 군복무를 마치고 막 전임강사가 되어 1973년에 우리를 맡게 된 것이다. 의사가 되기 위해 의과대학에 들어 왔으나 학문에 뜻을 두어 기초의학 교수가 되어 학생 교육과 지도에 전념하기 시작할 때여서 의욕이 있으셨다.

특히 그때는 박정희 대통령이 유신을 단행한 후여서 학생들의 반발을 미리 막기 위해 지도학생 제도를 강화하고 있었다. 잦은 면담을 의무화하고 수당도 지급하던 시절이었다. 물론 김 선생님은 우리를 감시하기 위해 만나는 것은 아니었다. 오히려 학생 면접으로 나오는 돈을 우리를 위해 사용했다. 가끔 나는 일요일 아침에 불광동

김 선생님 댁에 가서 사모님이 손수 양념에 절인 불고기를 한 가방 메고 나서고는 했다. 세검정, 도봉산이나 수락산 등 서울에서 가까운 산에 올라가 작고 넓적한 바윗돌을 찾아 불로 덥히고 고기를 구어 먹었다. 심성이 고운 사모님은 배고픈 우리를 위해 준비를 많이 하셔서, 우리가 포식을 해도 항상 고기가 남았다.

선생님 가족은 개성에서 남하하였다. 유명한 포기김치와 조랭이 떡국 같은 개성음식을 선생님 댁에서 처음 맛보았다. 착실하게 직장을 다닌 아버님 덕분으로 불광동에 개인주택을 마련했으나 부유한 편은 아니었다. 사립초등학교 선생님이신 사모님이 알뜰하게 살림을 하고 계셨다. 한번은 세배를 간 우리들에게 가난한 집안의 선생님이 임상의사가 되지 않았다고 어머니가 애정 어린 불만을 표시하셨다.

3학년에 진급해 임상의학을 접하면서 나는 갈등이 생겼다. 학문을 하는 교수가 되고 싶으나, 기초의학과 임상의학 중 선택을 못하였기 때문이다. 진지하게 선생님께 당신의 경험을 바탕으로 조언을 해 달라고 부탁했다. 한참을 고민한 선생님은 교수가 되기 위해서 기초의학을 선택할 수는 없고 임상에 더 관심이 많아 보이니까 그 길로 가 열심히 해서 교수가 되라고 충고하셨다. 나는 더 이상 이 문제로 고민하지 않고 의견을 따랐다. 지금도 나에게 적절한 조언을 해주신 선생님께 감사드린다.

선생님은 상식적인 분으로 온화한 용모에 인품이 있으셨다. 공부하는 것이 교수의 업무라고 늘 말씀하시고 중요한 부분은 항상 빨간

볼펜으로 표시하면서 책이나 학술지를 숙독하셨다. 일상생활도 규칙적이고 일관성이 있어 항상 두툼한 노트를 가지고 다니면서 온갖 주변 정보나 생각을 메모하시고 정리하셨다. 학생인 우리에게도 가식 없이 선생님의 솔직한 인간적인 모습을 보여주셔서 우리가 모델로 삼고 배우게 하였다.

선생님은 학자 그 자체였다. 평생 평활근의 수축 조절기전을 연구하셨다. 다른 사람 같으면 좀 더 멋져 보이는 연구를 하지 다소 지루한 이 연구를 계속하기 어려웠을 것이다. 전기생리학, 분자생물학 기법을 도입해 한 단계 연구수준을 높이셨다. 독일 프라이부르크 대학에서 연수하셨고 일본 규슈대학과 공동연구를 진행하셨다.

내가 3학년을 마칠 때 선생님이 독일로 장기연수를 혼자 떠나게 되었다. 그 당시 우리나라에서는 외화 부족으로 출국 시 소량의 달러만 가져갈 수 있어서 외국생활하기에는 턱없이 부족했다. 명동에서 달러를 파는 아줌마에게 높은 환율로 사서 백 불짜리 지폐를 성경 책 표지와 구두 깔개 사이에 감추어 출국하셨다. 환송하기 위해 김포공항에 나간 우리는 한국에 남아계신 사모님이 몰래 흘리시는 눈물을 보고야 말았다.

두 분은 사이가 좋았다. 그러나 내가 레지던트 시절 사모님에게 위암이 생기고 급속하게 악화되어 중년의 나이에 돌아 가셨다. 너무나 착하시고 고왔던 분으로 그동안 우리들에게도 잘해 주셨다. 문상을 간 우리들에게 선생님 어머니가 제일 안타까워 하셨다.

과묵한 선생님은 아들 둘 걱정을 하고 계셨다. 왜 하느님은 이 세상에서 착한 사람부터 데리고 가시는 건지.

내가 군대 복무를 마치고 대학에 발령 받았을 때 선생님은 자기 일처럼 좋아하셨다. 학교에서 고민이 생기면 친정처럼 달려가 위로를 받고 조언을 들을 수 있어 항상 마음이 든든했다. 특히 선생님이 교무 부학장을 하실 때는 음으로 혜택도 주셨을것이다. 내가 대한의학회에서 바이엘쉐링 임상의학상을 받게 되었다. 퇴직 후 취미생활로 서예를 익히고 계신 선생님은 축하의 글을 쓰고 방에 걸 수 있게 족자까지 만들어 가지고 오셨다. 전서체篆書體로 '덕불고 필유린德不孤 必有隣' 인 고사성어로 '덕을 쌓으면 외롭지 않고 반드시 이웃이 있다' 라는 뜻이다. 나를 염두에 두고 선택한 구절이라고 하셨으나, 나는 선생님에게 해당되는 경우라고 생각한다.

퇴계사상연구소 소장이시고 고창순 선생님 친구이신 이용태 회장님이 우연히 내방에 들르셨다. 내가 김기환 선생님이 주신 족자를 보여드리고 설명을 드렸더니 당신도 글을 써 주시겠단다. 며칠 후 힘차게 쓴 '진천眞踐' 이라는 글씨를 받았다. '진실로 실천하라' 는 의미로 퇴계는 사색을 통한 실천을 강조했단다. 공자, 부처님과 예수님도 같은 이야기를 하셨다.

이 두 경언은 나를 두고 주신 말씀이다. 집의 거실과 사무실에 하나씩 걸어두고 매일매일 가슴에 적어둔다.

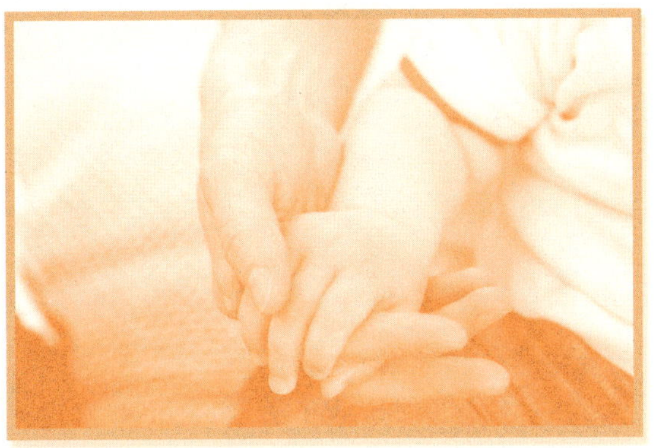

1. 떠나는 법정스님의 뒷모습
2. 원효, 의상의 삶과 여인
3. 베트남의 '호 아저씨'
4. 고창순 선생님 회상
5. 동병상련同病相憐
6. 한국인의 정
7. 우리나라 성씨에 관한 단상
8. 우리 이름의 영어 표기
9. 양생養生과 소요逍遙
10. 깍쟁이와 짠물의 대결
11. 지는 야구팀 응원하기

3장. 인생, 어느새 사랑이어라

떠나는 법정스님의 뒷모습

많은 글을 쓰다 보면 말이 행동과 실천보다 앞서 가는 경우가 있고, 아집我執이 생긴다.
물질적인 무소유를 실천한 법정스님이 가장 경계한 것이 바로 정신적인 명예욕이다.

2010년 3월 11일 우리가 흠모하던 법정스님이 타계하셨다. 바로 1년 전 돌아가신 김수환 추기경과 함께 두 분의 큰 어른을 잃은 것이다. 법정스님은 젊은 시절 통도사, 해인사, 송광사에서 수행한 후, 불경의 말씀을 일반 사회에 전하고자 우리말 번역 사업에 헌신하여 불교의 대중화에 힘써왔다.

1996년 길상사를 시주받아 성북동에 크게 창건하였지만, 스님의 수필집 제목이기도 한 '무소유'를 실천하기 위하여 자신은 강원도 산골의 오두막에서 병이 깊어질 때까지 혼자 검소하게 살아왔다.

1970년대 이후에는 불교의 참된 정신을 깨닫게 하는 깊은 내용을 쉽고 담백하게 풀어, 많은 글을 남겼다. 당신이 닦은 깨끗하고 향기로운 영혼을 일반인이 읽을 수 있는 글을 통하여 우리 사회에 전해 왔다.

종교의 같고 다름에 관계없이 모든 국민이 스님의 글과 이야기를 즐겨 읽고 들어, 많은 책이 항상 베스트셀러에 오르면서 이제는 '국민 교양서'로 인정받아 왔다.

글을 많이 쓰는 사람은 우리에게 가끔 실망을 줄 때가 있다. 많은 글을 쓰다 보면 말이 행동과 실천보다 앞서 가는 경우가 있고, 아집我執이 생기기 때문이다. 그러나 법정스님은 정반대였다. 박정희정권의 살벌한 유신정국에서 범국민적 저항운동에 함석헌, 장준하 선생과 함께 불교계를 대표하여 참여하였다. 당시로는 죽음까지 각오한 행동이었고, 우리나라 민주화 정착의 큰 획이 되었다. 그 후 이를 과시하는 다른 사람과는 달리, 그는 한 번도 내색조차 하지 않은 살아있는 양심이었다. 오히려 스님은 남이 모르게 그동안 저술한 책의 인세로 장준하 선생의 가족을 보살펴 주었다고 한다.

또한 타종교와 더불어 살기 위하여 길상사 행사에 가톨릭, 기독교, 원불교 지도자를 초청하고 이들의 강론을 청해 듣기도 하였다. 특히 김수환 추기경과의 존경과 우정은 대단하였다. 법정스님은 추기경을 '마음이 가난한 사람'으로, 하느님을 느끼게 하는 존재로 묘사하였다. 성탄절과 석가탄신일에는 서로 성당과 절을 방문하여 축하하고, 성탄절에는 길상사에 아기 예수를 축복하는 현수막을 걸어 놓기도 하였다. 깨어지고 부서진 영혼을 다시 하나로 회복시키는 '영적인 온전함'을 추구하는 것이 종교의 역할임을 두 분은 함께 몸으로 보여 주었다.

인간의 여러 욕망 중 가장 버리기 어려운 것이 명예욕이라고 한다. 이에 대한 이야기가 하나 있어 소개한다. 옛날에 불법을 많이 쌓은 노승이 제자들에게 자기가 깨친 내용을 설교하였다. 인간의 어리석은 욕망에 대하여 이야기하고, 이를 버려야 하고, 이 중에서

명예욕을 버리는 것이 가장 어렵다고. 설법을 들은 제자가 우리 스승님이 과연 훌륭하다고 감탄하였다. 이 말을 듣고 스님은 흐뭇한 미소를 지었단다. 말씀과는 달리 아직도 명예욕을 버리지 못한 것이다.

법정스님은 떠나면서 당부하셨다. "평소의 승복을 입히고 사용하던 작은 대나무 침상에 뉘여 그대로 화장하여 달라. 행여 사리를 찾으려고 재를 뒤적이거나, 탑을 세우지 마라." 또 입적 직전에 "그동안 풀어놓은 말빚을 다음 생으로 가져가지 않겠다"며 생전에 자신의 이름으로 펴낸 모든 책자를 더 이상 출간하지 말아주기를 간곡히 부탁하였다.

물질적인 무소유를 실천한 법정스님이 가장 경계한 것이 바로 정신적인 명예욕인 것이다. 그는 우리 시대의 참된 스승이었다.

원효, 의상의 삶과 여인

모든 것은 마음먹기에 달려 있다(一切唯心造)
서로 다른 방향에서 효과적으로 보완하며 화엄경 사상의 완성과 보급을 이루어냈다.

한반도 통일의 여명이 보이던 신라 문무왕 시절, 원효元曉와 의상義湘이라는 두 명의 뛰어난 종교적 사상적 위인이 있었다. 같은 스님이면서도 극단적으로 다른 삶을 살았던 두 분의 인생과 또 여자에 관한 이야기를 정리해 보았다.

원효대사는 신라 진평왕 때인 617년에 경산군에서 태어났다. 15세에 출가하였는데 남달리 총명하여 경전에 통달하였다. 의상대사는 625년에 경주에서 신라왕족으로 태어났다. 19세에 경주 황복사에 출가하였다.

그의 나이 26세에 원효와 함께 당나라를 향해 육로로 유학길을 떠났으나, 고구려 군에 첩자혐의로 체포되어 귀국하였다. 이들은 당나라 유학을 재차 시도하여, 44세의 원효와 36세 의상이 서해안 화성군에서 당나라로 떠나는 배를 타기로 했다.

항구로 가는 도중에 비를 만나 산속에서 길을 헤매다 동굴을 찾아서 하루 밤을 지내게 되었다. 어둠 속에서 갈증이 나 토굴 속 바가지에 있는 물을 마셨는데 아주 달고 시원했다. 아침에 깨어보니 물을 마시던 그릇은

바로 해골이었다. 둘은 혼비백산하여 구토를 했다.

그 자리에서 '모든 것은 마음먹기에 달려 있다(一切唯心造)'라고 원효는 깨닫고, 발길을 되돌려 신라로 돌아왔다. 그리고 미친 사람으로서 또는 거지행세를 하면서 거리에서 직접 민중포교에 들어갔다. 한편 의상은 원래의 계획대로 당나라에 들어가다가 중국 양주에서 병이 생겨 치료하던 중, 수위장의 딸 선묘善妙를 만났다. 의상은 자기를 연모하는 선묘를 받아들이지 않고 제자로 삼았다.

의상은 장안 지상사에 가서 지엄대사智嚴大師의 제자가 되어, 9년간 화엄학華嚴學을 배우고 산동에서 귀국길에 올랐다. "의상대사를 선창에서 보았다"는 말을 듣고, 선묘는 그동안 준비해 두었던 법복을 주기 위해 갔으나 배는 이미 떠난 뒤였다. 그녀는 바다용이 되어 의상의 배를 신라까지 무사히 호위하겠다며, 바다에 투신한다.

어느 날 원효는 거리에서 "누가 자루 없는 도끼를 빌려 줄 건가, 하늘 받칠 기둥을 깎으려 하네" 라고 외쳤다. 무열왕이 그 노래를 듣고 뜻을 알았다. "원효가 여자를 얻어 자식을 낳으려고 하는구나. 자식은 큰 인물이 되어 나라에 도움이 될 것이다." 무열왕은 관리를 시켜 원효를 다리 아래로 떠밀어 옷을 적시었다. 젖은 옷을 말린다는 핑계로 원효는 대궐에 들어와서 3일 동안 청상과부인 요석공주와 함께 지냈다. 승려의 신분으로서는 파계였다. 그 후 요석공주는 설총을 낳았다.

의상대사는 46세에 귀국해 양양 낙산사와 영주 부석사를 세웠다. 영주에

절을 지으려 할 때 이교도 무리들이 방해했다. 이때 선묘는 큰 바위로 변하여 세 번이나 뜨는 모양을 하자 무리들은 놀라서 흩어졌다. 선묘가 공중에서 떴다는 큰 바위를 부석浮石이라 하고, 이 절의 이름을 부석사로 하였다. 부석사에는 선묘를 모신 사당이 있고, 선묘는 석룡石龍으로 무량수전의 부처자리 지하에 안좌하여 부석사의 수호신이 되었다. 낙산사 대웅전의 벽화에 의상과 선묘의 이야기가 그려져 있다.

원효대사는 자기를 '아랫것 중의 아래'라고 자칭하고 민중과 더불어 지내면서 불교를 보급했다. <화엄경>의 "모든 것에서 거리낌 없는 사람이라야 한 길로 삶과 죽음을 벗어날 수 있다(一切無碍人 一道出生死)"는 부처님의 가르침을 실천한 것이다.

불교의 길을 같이 출발한 두 사람은 각자 개성에 따라 다른 길을 걸었다. 의상은 전통적 승려의 길로 정진하여 많은 제자를 두고 '우주와 자아가 동일하다'는 화엄 사상으로 종단을 만들었다. 원효는 '거리낌이 없다'라는 무애無碍 사상을 일반대중에게 보급했다. 또, 승려라는 특이한 인생길에서 만난 여자도 서로 극단적이었다. 요석공주는 현실적인 선택을 했고, 설총이라는 현자를 낳는다. 선묘 아가씨는 형이상학적인 정신적 사랑을 했고, 자신의 일방적 짝사랑을 죽음으로 승화시켰다. 이 죽음은 전설로 재탄생하여, 바다용이 되고 부석사 바위가 되고 수호신인 석룡이 되었다.

나는 두 사람의 서로 다른 성격이 구도의 길을 다르게 만들었다고 생각한다. 원효는 외향적 감성적인 사람이었고, 의상은 내성적

이성적인 성격이었을 것이다. 불교의 심오한 원리도 원효는 해골바가지 사건으로 직관적으로 깨닫고 당장 저자거리로 나가 포교활동을 한다. 의상은 같은 사건을 겪으나 경전을 더 공부하기 위해 당나라로 가서 근 10년을 공부한다. 귀국해서도 사찰을 짓고 제자를 양성해 포교한다.

여성과의 관계도 특징적이다. 원효는 알고 지내던 요석공주에게 노래를 불러 먼저 접근한다. 파계를 하면서까지 육체적 사랑을 하여 설총을 얻는다. 반면에 의상은 접근해 오는 선묘를 제도권으로 설득해 제자로 삼는다. 그러나 정신적으로는 사랑해서, 제자들에게 암시하여 여러 전설을 만들고 석룡과 사당까지 만들게 한다.

아무튼 두 사람은 자기에게 주어진 인생을 성격대로 열심히 살았다. 다른 길을 걷던 원효와 의상은, 서로 다른 방향에서 효과적으로 보완하면서 우리나라 화엄경 사상의 완성과 보급이라는 종착역에 같이 도착했다.

다음 시는 화엄경 사상의 요지이다.

이 모든 삼라만상의 만법이

형성되고 없어지는 데

그 주체가

하늘도 아니고

신도 아니며

오직 마음입니다.

베트남의 '호 아저씨'

호치민의 리더십은 독특하다. 카리스마를 가진 다른 지도자와는 전혀 다른 타입이었다. 그는 겸손하고, 검소하고, 먼저 희생하면서 솔선수범해 자연스럽게 지도자가 되었다.

세상에서 가장 사랑받는 동상을 들자면 성모마리아 상일 것이다. 그 다음은 호치민 동상이라고 나는 생각한다. 동상의 주인공이 사망한 지 40년이 지난 지금도 베트남 국민들은 '호 아저씨' 라는 애칭으로 부르며 그를 사모하고 있다.

중국의 변방으로 6천 년의 역사를 자랑하는 베트남은 1867년에 프랑스의 식민지로 전락한 이후 연이어 일본과 미국의 지배를 받은 불운한 국가였다. 비록 가난하고 힘없는 나라지만 국민이 단결해 결사항전으로 세기의 강대국인 프랑스, 일본, 미국을 차례로 물리치고 마침내 독립해 동서고금에 유래가 없는 새로운 역사를 만들었다. 호치민이 지도자로 있었기에 가능한 일이었다.

호치민의 리더십은 독특하다. 카리스마를 가진 다른 지도자와는 전혀 다른 타입이었다. 겉보기에는 우리하고 너무나 똑같은 평범한 사람이었고 자상하고 친절한 이웃집 아저씨 같은 지도자였다. 외국에서 독립운동을 하다가 귀국할 때 나이가 50대로 이미 중년이었고, 79세에 죽을 때까지 노년을 제국주의에 맞서면서 보냈다.

평생을 독신으로 지내면서 국민 전부를 친근하게 가족으로 여겼다. 특히 어린아이들과 어울릴 때 가장 행복해 했다. 친자식이 없는 그는 재산이 필요 없었다. 1945년 북베트남의 초대주석으로 취임할 때 부하들이 급히 준비해준 카키색 작업복과 자동차 타이어로 만든 샌들을 평생 사용했고 죽은 후 유산은 몇 권의 책이 전부였다고 한다.

어떻게 이러한 지도자가 나타날 수 있었을까? 이러한 리더십이 그 어려웠던 극한상황에서 어떻게 작용했을까? 진정한 리더십이란 무엇인가? 이 질문에 답하기 위해, 나는 평소에 단편적으로만 들었던 호치민에 대해 더 알고 싶었다. 마침 아시아지역 핵의학협력체의 일 때문에 최근 하노이와 호치민 시를 방문할 기회가 있었다. 호치민 박물관도 방문하여 유품과 사진을 구경하고 설명을 듣고 몇 권의 책도 구입했다. 아래 글은 그 내용을 정리한 것이다.

어릴 때부터 호치민은 질문이 많은 아이였다. 처음 보고 듣는 것에 대하여 궁금한 것이 많기 때문이었다. 또 대답이 이치에 안 맞으면 받아들이지 않고 의문을 풀지 않았다. 나중에 성인이 되어 그가 옳다고 생각한 정답을 행동으로 입증하였다. 한번은 우연히 지방의 높은 관리가 지나가는 광경을 보게 되었다. 가마에 앉은 관리를 부하들이 지고 가는 것을 보고 그가 발을 다쳤냐고 어머니에게 물어 보았다. 다친 것이 아니라 지위가 높은 사람이라 가마를 타고 간다는 대답에 올바른 행동이 아니라고 생각했고, 그가 나중에 주석이 되었을 때 소박하고 겸손하게 처신했다.

그는 어려서부터 인본주의자였다. 관리의 자녀들이 다니는 학교 시설이 일반학교보다 좋은 것을 이해할 수 없었고, 왜 프랑스 사람이 베트남 사람 위에 군림하는지 알 수가 없었다. 부모는 이런 아들에게 프랑스와 싸웠던 애국자들의 이야기를 들려주었다. 그는 프랑스인이 아니라 비이성적인 지배자에게 반감을 가졌다. 어떻게 보면 그가 평생을 바친 독립운동은 인본주의에 대한 어릴 때부터의 신념 때문이리라.

그의 어머니는 동생을 낳고 출혈이 심해 몸이 약해져 죽고 말았다. 그가 고작 10살 때 일이었다. 갓난아기에게 젖을 먹이기 위해 동냥을 하고 다녔지만 허약한 동생은 폐렴으로 어머니를 따라 저 세상에 간다. 위로하기 위해 음식과 조위금을 가지고 온 이웃들에게 왜 우리 가족이 죽기 전에 도와주지 않았느냐며 거절한다. 너무 일찍 인생살이의 외로움을 깨닫게 된 탓인지 나중에 그는 외국에 기대지 않고 자력으로 조국을 독립시키겠다는 결심을 한다.

일반 서민에 대한 관심과 애정을 갖게 해 준 계기가 하나 더 있었다. 프랑스 총독은 베트남 전역의 국도를 정비하기 위해 18세에서 50세 사이의 남자들을 무급으로 강제 소집해 혹사시켰다. 잠시 관리로 있었던 호치민 아버지는 소집에 빠졌지만 이웃들의 애환을 돕고자 땅을 팔아 노잣돈으로 나누어 준다. 호치민은 프랑스인과 베트남 관리들에게 매를 맞으면서, 험한 일에 다치고 죽기까지 하는 서민들의 고통을 같이 느꼈다. 그는 이러한 애환이 왜 생기는지 고심하고, 이를 해결하기 위해서 진정한 행동이 필요하다고 결심한다.

호치민은 가명과 필명이 160여개나 되었다. 본명은 응웬 닷 탕(Nguyen Tat Thanh: 성공할 사람)이고 어릴 때는 콘이라고 불렀다. 1890년 베트남의 중부에 있는 호앙쭈라는 작은 마을에서 태어났다. 아버지는 농민출신의 평범한 지식인으로 어린 호치민에게 한문과 서당교육을

시켰다. 그 후 베트남인 관리를 양성하는 프랑스-베트남학교에 입학했지만, 재학 중 반정부 데모에 참가해 퇴학당했다.

청년이 된 그는 서구의 신학문을 공부하기 위해 1911년 프랑스 증기선의 수습 요리사로 프랑스에 건너갔다. 그 후 선원으로 프랑스와 알제리, 튀니지, 콩고 등 프랑스 식민지와 미국, 유럽 제국을 돌았다. 세계적으로 유명한 요리사인 에스코피에에게 배우기도 했다. 서구 도시에서 밑바닥 인생을 전전했지만 그는 큰 꿈을 그리고 있었다. 오전에는 생활비를 벌기 위해 일을 했지만 오후에는 도서관에서 책을 읽고 저녁에는 각종 정치적 모임에 참가해 토론했다. 세상을 바라보는 그의 시야는 넓어지고 민족주의적 가치관은 점점 깊어졌다.

제1차 대전이 끝나고 파리에 정착하면서 응웬 아이 꾸옥(阮愛國: 애국자)이란 이름으로 식민지해방운동을 시작하였다. 당시 파리는 여러 식민지에서 건너온 독립 운동가들의 활동 무대였다. 1919년 6월 베르사이유 회의에 베트남 대표로 출석하여 <베트남 인민의 8항목 요구서>를 제출했다. 고종이 보낸 조선의 요구 안과 마찬가지로 받아들여지지는 않았지만 유명해졌다. 이때, 그는 제국주의자들은 절대 스스로 식민지를 포기하지 않는다는 교훈을 얻고 자연스럽게 사회주의 소련에 호의를 가지게 되었다. 프랑스 공산당에 입당하고, 베트남인 애국단을 조직하여 활동을 시작했다. 1921년 프랑스식민지인민연맹을 결성하고, 기관지 <르 파리아>를 발행하였다.

1924년 모스크바의 코민테른 대회에 출석, 약 2년간 머물면서 사회주의 혁명가로서 자질을 배웠다. 중국 남부와 타이로 가서 베트남 주변에서 혁명운동을 계속하여 1930년 인도차이나공산당을 창립하고 훈련받은 젊은이를 인도차이나 지하조직으로 침투시켰다.

인도차이나는 점차 세력이 약화되는 프랑스와 영역을 넓혀가는 일본이 협약을 맺어 공동으로 식민 지배를 하고 있었다. 민족해방을 위하여 비엣민(베트남독립동맹회)을 결성하고 이때부터 호치민이라는 이름을 사용하였다. 1941년 국경을 넘어 조국 베트남으로 들어와 일본군에 대한 무장투쟁을 준비하기 시작했다. 1942년, 군사지원을 요구하려고 중국에 들어갔지만 공산당의 세력 확대를 싫어하는 국민당의 지방 군벌에 의해 체포되어 13개월간 감옥생활을 하며 죽을 고비를 넘겼다.

1945년 8월 일본의 패전으로 태평양전쟁이 끝나자 호치민을 중심으로 총봉기하였다. 베트남 중부와 북부 지역을 장악한 호치민은 1945년 9월 2일 베트남민주공화국의 독립을 선언하고 정부 주석으로 취임하였다. 그러나 프랑스는 이를 인정하지 않고 인도차이나 전쟁을 시작했다. 베트남군은 북부 산악 지대에서 게릴라 부대로 저항을 계속하여 프랑스군을 압도해갔다. 7년간의 지루한 전쟁이 계속되었고 디엔비엔푸 전투에서 패한 프랑스가 제네바 협정에 따라 철수하면서 베트남은 80년에 걸친 식민 지배에서 벗어나게 되었다.

그러나 공산세력의 확장을 우려한 미국은 이 협정에 서명하는 대신 남부 베트남에 공화국 수립을 돕고 경제적, 군사적으로 지원했다. 남베트남 정부는 반대파를 가혹하게 탄압하여 정치적 불안정이 계속되었다. 이에 불안을 느끼던 미국은 1965년 초 마침내 북베트남에 폭격을 개시하며 전쟁을 시작했다.

미군은 북베트남군에 비해 월등히 우세한 화력을 가지고 있었으나 당시 남베트남 정부의 독재와 부패로 점차 북베트남이 지지를 얻기 시작했다. 1968년 구정 공세를 계기로 사실상 미군이 전쟁에서 주도권을 잃고 미국 내 반전운동으로 미국 대통령이었던 존슨의 지지도는 급감했고 결국 닉슨에게

후임을 내주었다. 1969년 취임한 닉슨 대통령은 북베트남과 본격적인 협상을 시작했다.

협상이 진행되어 새로운 국면을 맞이할 즈음인 1969년 9월 2일, 호치민은 갑작스런 심장 발작으로 사망했다. 검소한 장례식으로 시신을 화장하고, 재를 나누어 조국 강산에 뿌려 줄 것을 유언으로 남겼으나, 그의 시신은 방부 처리되어 거대한 묘에 전시되었고, 베트남 국민은 7일간을 전 국민 애도 기간을 정하고 그를 추모했다. 그가 죽은 지 6년 후인 1975년 4월 30일에 사이공이 함락되면서 호치민이 꿈꾸던 자주통일이 이루어졌다. 남베트남의 수도였던 사이공은 호치민 시로 개칭되었다.

그는 천성이 교사였다. 실제 유럽으로 건너가기 전에 시골학교 교사를 하기도 했다. 교육 방식은 그가 열심히 공부해 익힌 내용을 정확하고 쉽게 알려주는 형식이었다. 가르칠 내용을 완전히 습득했기 때문에 세부적인 것까지도 교육할 수 있었다. 계몽주의에서 사회주의 사상에 이르기까지 철학적 형이상학적인 내용에서부터, 총기를 빨리 분해하고 조립하는 실제적인 전쟁 요령까지 필요한 것은 다 능통하고 있었다. 인생의 모든 시간과 정력을 조국독립이라는 한 가지 일에 전념한 사람만이 가질 수 있는 능력이었다.

그는 또한 훌륭한 학생이었다. 1940년부터 사용한 호치민이란 이름도 '깨우치는 사람' 이라는 뜻이다. 학창시절에 프랑스 사상가 책을 애독하고 불어를 열심히 배워 원서로 읽었다. 타이에서 독립운동을 할 때 그곳 말을 익혀야 했다. 동료들은 하루에 100개 단어씩 타이어를 암기하자고 했으나 호치민은 10개 단어만을 외우기로 했다. 동료들은 중간에 포기했지만 그만 계속해 타이말을 유창하게 할 수 있었다. 프랑스어와 영어를 배울 때도 마찬가지였다. 식당에서 보조원으로 일하면서 틈틈이 또 일정한 시간을 정해놓고 외국어를 공부했다. 사람들은 그가 저녁식사 준비 전에 하이드공원에서 공책과 연필을 들고 공부하는 모습을 목격하곤 했다. 이러한 노력과 언어에 대한 천부적 자질 때문에 그는 영어, 불어, 러시아어, 중국어, 타이어, 스페인어, 독일어에 능통했고, 이런 능력을 바탕으로 광범위하게 외국인과 교제하고 불어신문을 발간할 수 있었다.

그는 감상적이기도 했다. 일상의 많은 일과 사물에서 깊은 인상을 받고 감격을 했다. 어릴 때부터 저수지나 물을 채운 논 같은 흔한 풍경에서 아름다움을 느끼고 노무자로 일하는 항해 중에도 하늘과 바다 풍경을 넋을 놓고 감상하기도 했다. 주관을 가지고 인생을 열심히 사는 사람의 감성적 태도가 아닐까. 그러나 그가 가장 감격한 내용은 애국자와 조국을 위해 희생한 사람들의 이야기였다. 식민지 지배에 항거한 베트남 사람 뿐 아니라 아일랜드인, 중국인, 인도인, 한국인의 희생을 들을 때마다 눈물을 흘렸다. 조국 독립의 열망으로 가득찬 마음이 공명을 일으키는 것이었다.

그는 단순하고 검소한 생활을 했다. 새벽에 일어나 작은 그릇에 요리를 하고 절반으로 나누어 아침과 저녁식사를 하고, 겨울에도 불에 데운 벽돌 하나를 껴안고 추위를 견뎠다. 그의 절약하는 생활과 무소유의 생각은 사상적인 배경 때문이기 보다도 어려운 이웃을 돕기 위한 절박한 현실 때문이었다. 그의 주변에는 도와주어야 할 사람이 항상 많이 있었다. 유명한 요리사인 에스코피에 밑에서 일할 때 그를 설득하여 식당과 주방에서 남은 음식과 재료 찌꺼기를 굶주리는 이웃에게 나누어 주었다. 베트남 인민공화국의 주석이 된 후에도 누추한 복장 때문에 자주 의복 선물을 받고는 했다. 하지만 모두 전사자 가족에게 나누어 주고 자신은 소매가 헤진 옷과 타이어로 만든 바닥이 갈라진 샌들을 신고 다녔다. 이것들은 지금도 박물관에 전시되어 있다.

그는 망명중인 어려운 상황에서도 항상 유쾌한 사람이었다. 그를 만나는 모든 사람들이 침착하고 조용하지만 명쾌하고 예술을 좋아하는 이 베트남 청년에게 호감을 가졌다. 특히 호치민은 여행을 즐겨 이태리, 독일, 스위스, 바티칸 등을 두루 돌아 다녔다. 그는 말했다. "어디에나 좋은 사람도 있고 나쁜 사람도 있다. 착한 사람도 있고 삐뚤어진 사람도 있다. 우리가 선하면 어디서나 선한 사람을 만나는 것이다."

그는 예술 분야에서도 두각을 나타냈다. 파리에서 친구의 권유로 신문에 불어로 에세이를 쓰게 되었다. 처음에는 정해진 분량을 맞추지 못할 정도였지만 나중에는 원고가 넘치곤 했다. 급기야는 소설과 희곡을 써 파리 소극장에서 무대에 올리기도 했다. 그는 간결한 문장을 즐겨 사용했다. "보고 느낀 것을 글로 쓸 때, 색깔을 포착하고 순간적인 움직임을 표현하면 된다." 귀국 후 주석시절에는 교향악단을 지휘할 정도로 음악에도 정통했다.

그러나 그는 용감한 사람이었다. 생각할 때는 신중했지만 행동은 과감하였다. 젊고 정치외교적 경험이 전혀 없었지만 필요하다고 생각되면 연합국 지도자들을 찾아다니고 미국 윌슨 대통령에게 편지를 보내 도움을 요청했다. 중국 감옥에서 쓴 시에서 '시야는 넓게, 생각은 치밀하게, 공격은 때로 단호해야 한다' 라고 소신을 피력했다.

그는 인적 조직을 만드는 기술을 배워가기 시작했다. 아시아와 아프리카의 식민지 사람들을 규합해 식민지인민연맹을 만들었고 프랑스 서민층에 침투해 동조자를 확산시켰다. 그는 신문을 잘 이용했다. 〈르 파리아〉를 만들어 발간인, 편집장, 작가, 주필 등 모든 작업을 혼자하면서 신문을 꾸려나갔다. 그가 여러 이름을 사용하게 된 이유이기도 했다. 모든 일에 전력을 다하는 그는 판매에도 달인이었다. 신문 마다 경쟁이 심해지자, 무료로 신문을 배부하고 소액이라도 독자들이 자발적으로 기부금을 내게 하는 아이디어로 더 많은 수입을 올릴 수 있었다. 〈르 파리아〉는 베트남에서는 배포가 금지되었지만 이것이 거꾸로 호치민의 영향력을 높이는 계기가 되었다.

그는 베트남의 독립이라는 명제를 위해 일생을 바쳤다. 다른 많은 베트남 사람들도 이 길에 일생을 바쳤다. 그러나 호치민의 위대성은 바위 같은 탄탄한 인성을 밑바탕으로 리더십을 발휘했다는 데 있다. 즉 누구보다 실력 있으면서 겸손하고, 검소하고, 먼저 희생하면서 솔선수범해 자연스럽게 지도자가 된 것이다. 자신의 강점을

최대한으로 포장한 카리스마가 없어도, 나와 다르지 않는 보통사람 같아도, 어느덧 우리는 그를 좋아하고 따르고 감복하게 되는 것이다.

1945년 9월 2일 질곡 같던 80년간의 식민지 시대를 끝내고, 그토록 염원하던 정부수립일이 되자 수많은 베트남 사람들이 말로만 듣던 호치민을 만나려고 하노이 광장에 모여들었다. 장대한 귀골의 큰 키에 화려하면서 고상한 옷을 입고 범접할 수 없는 태도와 박력 있는 걸음걸이의 주석을 예상하던 관중 앞에, 작고 여윈 정직하게 생긴 중년의 호치민이 작업복에 타이어로 만든 샌들을 신고 나타났다. 화려한 수식의 현학적인 연설을 기대하는 그들을 마주하고 호치민은 마이크 앞에 섰다. 그는 낮지만 선명한 목소리로 베트남의 독립을 선언하면서 멀리 떨어져 있는 인파에게 물어 보았다. "거기 동지 여러분, 제 말이 뚜렷이 잘 들리나요?"

과거 어느 왕이나 총독에게서 듣지 못한 말이었다. 군중들은 호 주석이 그들과 똑같은 사람으로 얼마나 그들을 사랑하고 있는지 직감할 수 있었다. "네, 호 아저씨" 오십만의 군중은 한 목소리로 대답했다. 지도자와 국민이 하나가 되는 순간이었다. 그 후 계속된 강대국과의 전쟁에서 승리를 약속하는 순간이었다.

"거기 동지 여러분, 제 말이 뚜렷이 잘 들리나요?"

"네, 호 아저씨"

아직도 베트남 국민들이 감격적으로 회상하고 있는 정부수립 기념일의 광경이었다.

고창순 선생님 회상

우리보다 인생을 먼저 살고 있어 가르쳐 준다는 의미의 선생先生이라는 호칭을 좋아하셨다.
선생님은 모든 영광은 나에게 주었다. 마치 자식에게 재산을 조건 없이 넘겨주듯이

2012년 8월 6일 아침에 안타깝게도 고창순 교수님이 타계하셨다. 서울대학교 의과대학에서 평생을 보낸 선생님은 우리나라의 대표적인 의학자이면서 훌륭한 인품의 소유자였다. 핵의학과 갑상선학을 전공하신 교수님은 의학 지식 뿐만 아니라 인성적인 면에서도 우수한 제자를 키우려고 노력하신 진정한 선생님이셨다. 나는 35년간 가까이에서 선생님을 모시고 지내는 행운을 입었다. 선생님께 입은 복을 나누는 입장에서 생각나고 느낀 몇 가지 에피소드를 적어 본다.

우선 선생님이라는 호칭을 좋아하셨다. 흔히 사용하는 교수, 과장이나 부원장이라는 말은 직책이나 직함을 나타내기 때문이었다. 박사라는 호칭을 피하는 것은 의료계에서 의학박사는 너무나 많고, 또 선생님이 박사를 손수 만들어 주는 입장이기 때문이었다. 우리보다 인생을 먼저 살고 있어 가르쳐 준다는 의미의 선생先生님이 가장 적절한 호칭이라는 생각이셨다.

어려서부터 선생님은 천성이 낙관적이고 모든 일에 적극적이었다고

한다. 나중에는 164cm의 단신이 되었지만, 중학생 시절 까지는 작지 않고 탄탄한 체구에 영리한 소년이었다. 평생을 고향에서 외과의사 개업한 아버지와 해방 후 정치에 참여한 여장부인 어머니 아래 8남매의 막내로 경기중학, 경기여중을 다니는 형과 누나가 있었다. 생각해 보시라, 그 당시 경남 의령 시골에서 우리나라 최고인 경기중학과 경기여중에 연달아 합격을 했으니. 이러한 자랑스러운 가풍에 체력과 지능이 남보다 뛰어났던 소년은 어릴 적부터 거칠 것이 없었고 골목대장을 도맡아 하였단다.

선생님의 경남중학교 동기생인 용인송담대학교의 최영철 이사장님의 말씀에 따르면 선생님은 항상 학교 담벼락 위를 걸어 다녔다고 한다. 학교 훈육교사가 보이면 교내로 들어오고, 안 보이면 밖으로 뛰어내려 극장이나 광복동 시장으로 놀러 다녔다고. 그러나 밤늦게 돌아 와서도 잠자기 전에 반드시 1~2시간씩 공부를 해, 줄곧 우등생에 속해 있었고 전교 수석을 한 적도 있단다. 우수한 체력에 운동감각도 있어 축구부에서 활동하고 태권도를 즐겨해 이런 학창 시절의 인연으로 김영삼 대통령과 부산 출신 정치인들과 연결이 된다.

부모님은 좌충우돌하는 막내가 걱정이 되어 다소 엄하게 키우셨다. 올바른 정신을 강조해 가르친 영향으로, 초등학교 시절 반장으로 급우를 챙겨 주고 일본인 교사에 대항하여 스트라이크를 주도하기도 했다. 평생을 시계처럼 정확하고 성실하게 살아 온 아버님과 남의 일에 발 벗고 다니는 어머님의 생활 자체가 고 선생님의 성격과

의지 성장에 무엇보다도 큰 역할을 했으리라.

서울의대 부속병원에서 내과 레지던트 시절 동안 이문호 선생님의 지도 아래 방사성동위원소의 의학적 이용을 연구한다. 전공의를 마치고 방사선의학연구소에서 5년을 근무한 후, 1969년에 서울의대 교수로 복귀하셨다. 연구소에서 고위직 공무원 생활을 하면서 깊이 있는 연구 뿐 아니라 공직사회의 정서와 질서를 익히고 넓은 인맥을 쌓았다. 나중에 선생님이 의학계의 리더로 활약하는 데에 큰 도움을 준다.

중년과 장년 한창의 나이에 서울의대에서 교육, 진료, 연구와 봉사를 누구보다도 열정적으로 하셨다. 어려서부터 다져온 몸과 마음에 낙천적인 성격이 적격이었다. 그 시절 나는 선생님 책상위에서 '태양처럼 뜨겁게 살리라' 라는 시구를 본 적이 있다. 이 모토에 걸맞게 일과 후에도 누구 못지않게 토론, 회식과 음주를 즐겼고, 사회 교제에 열중하셨다.

이런 생활은 사모님이 뒤에서 든든하게 지켜주어서 가능했다. 우리나라에서 알아주는 부잣집의 무남독녀인 사모님은 부모님의 반대에도 불구하고 고 선생님과 결혼하셨다. 일본에서 교육 받고 자라서 남편에 순종적이었던 사모님은 막내며느리지만 홀로되신 시아버지를 모셨다. 고 선생님은 이런 배경을 믿고 전문의가 된 후에도 10년 동안 월급을 집에 가져오지 않고 선후배와 교제하며 사회생활하는데 사용했다고 한다.

이렇게 꽉 찬 내실과는 달리 선생님은 겸손하셨다. 자서전에서 선생님은 젊어서부터 생긴 암 덕분이라고 하셨다. 인턴이던 24세에 대장암, 부원장이던 50세에 십이지장암, 정년을 맞은 65세에 간암이 생겨 평생을 죽음과 마주하며 보내 남들과 다른 인생관을 가지고 있었다. 재물이나 명예 등 부질없는 세상의 유혹을 떨치고 참 가치가 무엇인가를 항상 생각하고 계셨다.

아마도 내리신 결론이 남을 도와주고 타인과 함께 성장하는 win-win 전략인 것으로 짐작한다. 자서전 제목이 '도전과 화합으로 걸어 온 삶'인 것이 그 증거이다. 현실에 안주하지 않고 늘 새로운 것에 도전하면서도 타인과 다른 조직 간의 화합과 통합을 추구하셨다. 일찍이 1980년도 초에 갑상선학회와 내분비학회를 통합하고, 또 노인병 관련 3학회를 통합하였다. 선생님은 항상 이렇게 서로 간의 갈등을 해결하고 단합해 목표와 비전을 성취하는 것을 가장 큰 보람으로 여기셨다.

선생님은 넓은 시야와 사물의 핵심을 찾는 안목을 가지고 계셨다. 이러한 능력으로 우리나라에서 의료의 새 장을 열 때 마다 선생님이 주도하시곤 했다. 1976년 처음 뵙고 식사하는 나에게 말씀했다. "나는 밥 잘 먹는 사람을 좋아한다"고. 잘 먹는 사람은 자연히 건강해져 일과 공부를 잘 하게 되므로 좋아 한다는 해석이었다. 또, 선생님이 주관하신 장학회에서는 성적이 낮은 의대생에게 우선적으로 장학금을 주었다. 좋은 지능에 성적이 떨어지는 것은 나쁜 경제사정 등 공부를 할 수 없는 환경 때문이니까, 우선적으로 지원해 해결해 주어야 한다는 생각에서였다. 이렇게 관습적 생각에서 벗어나 핵심을 꿰뚫는 지혜와 사고능력을 가지고 있었다.

선생님은 사람 만나기를 좋아하고 진심으로 대해, 의료계 안팎에 넓은 인맥을 가지고 계셨다. 한번 만나면 소탈하고 거짓 없는 태도에 오랫동안 친교를 갖게 되었다. 이러한 사교적인 성격으로 1978년 법인체로 출발한 서울대학교병원의 제1, 2부원장을 맡으면서 이 거대한 조직이 안정화 되는데 크게 기여하셨다. 후에 문민정부에서 김영삼 대통령의 주치의를 맡으셨고, 정부에서 의과학 연구를 지원하는 제도를 만들게 하였다.

1916년 경성의전을 졸업해 우리나라 초창기 양의사이신 아버님을 따라 의학에 입문한 선생님은 천성적인 의사였다. 조금이라도 연줄이 있는 환자는 가족처럼 돌봐주셨다. 남을 도와주기를 즐겨해 선생님 방 앞에는 항상 다급한 사람들이 줄서있었다. 선생님의 생활신조가 '하루에 한사람 돕기' 라고 기억한다.

무엇보다도 선생님은 물심양면 전 방위적으로 정성을 들여 제자를 키우셨다. 많은 제자들이 감화를 받아 선생님을 '학문적 아버지' 로 여기면서 생활하고 있다. 12월 31일 마지막 날, 제자들과 함께 그 해를 깨끗이 보내는 의미로 같이 목욕을 하곤 했다. 새해에는 모두들 선생님 댁으로 세배를 갔다. 당시의 관습으로 모든 내과 전공의가 다 모여 들었다. 100여 명이 넘는 제자들의 식사를 챙기느라고 사모님께서 특히 고생하셨다.

무엇보다도 선생님은 따뜻하셨다. 항상 우리들을 격려하셨고, 제자를 위해서 당신이 희생하는 일을 밥 먹듯이 하셨다. 부원장으로 바쁘신 가운데에도 제자들이 소원해지면 섭섭해 하셨고, 즐겨 진료와 연구에서의 어려움을 해결해주시려고 노력하셨다. 지도학생인 일개 의대생의 고민을 밤새고 들어 주시고 의논해 준적도 있다. 제자들의 앞길을 열어주기 위해, 선생님은 용의주도한 계획 하에 필요하면 온 몸으로 부딪치고 뼈를 깎는 노력을 하셨다. 그리고는 이루어 내셨다. 행동없이 말로 생색만 내는 여느 스승하고는 달랐다.

그러나 제자 교육에는 철저하셨다. 내가 인턴 때에도 핵의학 책을 주고 공부시키고, 전공의 2년 차에 새로 도입한 영상용 컴퓨터가 본격적으로 가동될 때, 전산 교육을 여러 전문가에게 부탁했다. 제자들의 연구가 부진한 경우에는 집에서 이불 보따리를 가져와 연구실에서 같이 동숙하면서 격려하기도 하였다.

제자의 성공을 선생님처럼 기뻐하는 교수는 없을 것이다. 보직을 가진 후에는 진료와 연구의 대부분을 제자에게 넘겨주었다. 그 성과나 명예도 선생님이 차지하지 않았다. 선생님이 여건과 기초를 마련하고 제자들이 마무리하고 열매를 따가도록 했다. 덕분에 여러 제자들이 서울대를 비롯한 유수 대학의 교수가 되었다.

아마 제일 혜택을 많이 받은 사람이 나일 것이다. 보잘 것 없는 능력을 가진 나를, 좋은 여건을 마련하고, 기회를 주고, 교육과 교정을 하고, 방패가 되어 주면서 조금이나마 업적을 이루게 했다.

그러고는 모든 영광은 나에게 주었다. 마치 자식에게 재산을 조건 없이 넘겨주듯이.

사람이 한평생 살다가 죽어서 무엇을 후세에 남길 수 있을까? 어떤 것이 가장 성공적인 삶의 증거일까? 선생님이 돌아가시고 쓸쓸한 내 마음에 떠오르는 생각이다. 훌륭한 업적, 많은 재산, 높은 명망, 고귀한 인품? 또는 번창한 자손? 어느 것이 맞는 답인지 모르겠다. 어쩌면 돌아가신 임을 많은 사람이 기억하고 오랫동안 기린다면 잘 산 인생이 아닐까?

그렇다면 고창순 선생님이 으뜸이다. 제자인 우리 모두 이토록 그리워하기 때문에.

동병상련同病相憐

고창순 선생님을 평생 은사로 모시며, 일생을 사는 동안
우연히도 비슷한 병을 같이 겪었으니 이것도 기막힌 인연의 하나인지 모르겠다.

나는 고창순 선생님을 평생 은사로 모시고 그 뒤를 밟아왔다. 또한 일생을 사는 동안 우연히도 비슷한 병을 같이 겪어왔다. 이것도 기막힌 인연의 하나인지 모르겠다. 병을 치르는 동안 서로 동정하고 위로하면서 부자父子같이 가까워졌고, 나는 선생님의 은덕을 누구보다도 더 많이 받을 수 있었다.

2005년 내가 초기 위암을 수술하고 회복하는 동안에 고 선생님은 마치 자식이 병치레 하는 것 같이 돌보아주셨다. 2004년 연말, 이명철 선생님의 강권으로 강남검진센터에서 신체검사를 받던 중 우연히 위암을 발견하였다. 2년 반 전에 소화기내과 송인성 선생님이 위 내시경 검사를 해주셨으나 당시 이상소견은 없던 터였다. 그 사이에 자라난 암으로 생각되었으나 크기가 2cm이었고, 내시경 소견 상 진행된 위암의 가능성을 완전히 배제할 수 없었다.

우리 집안은 물론, 병원과 핵의학과 교직원이 모두 놀랄 만 한 사건이었다. 특히 암의 위치가 위 천장에 있어 위장 전체를 절제하여야 될 상황이었다. 전체를 떼어내면 후유증이 더 많아지기 마련이다.

일반외과 양한광 선생이 집도의로 결정되고 연말연휴가 지난 1월 초에 수술하였다. 세 번의 암을 이겨낸 고 선생님은 수술 전 여러 사항을 점검하고 정신적으로도 나에게 용기를 주셨다. 나는 위암의 진행 정도가 걱정이 되었고 또한 수술 후의 통증과 채혈, 정맥주사 등 의료시술에 따른 괴로움도 걱정이 되었다. 다행히 옛날과는 달리 진통제도 효과가 좋았고 L튜브, 주사기 등 의료기자재도 발달되어 생각만큼 힘들지도 않았다.

수술 실에서 마취 전에 여러 선생님들이 찾아오고 격려해주어 고마웠다. 수술 후 회복실에서 눈을 떠보니 옆에 고창순 선생님이 혼자 앉아계셨다. 경황이 없는 중에도 퇴임한 교수님이 회복실에서 나를 지키고 계신 것이 의외였고, 또 고마웠다. 고 선생님은 눈을 뜬 나에게 암이 초기여서 수술이 잘 되었다고 안심 시켰다. 그러나 잠깐 생각해보니 이런 상황에서는 사실여부에 관계없이 나옴직한 말씀이었다. 나의 의심스러운 표정을 보고는 눈치 빠른 선생님은 벽에 있는 시계를 가리켰다. 마취 시작 후 두 시간이 지난 상태였다. 그 정도의 시간에 수술을 끝냈으면 암이 퍼진 상태는 아니었겠구나 라고 안심하고 다시 잠에 빠져 들었다.

위를 절제한 경험이 있는 선생님은 수술 후 나에게 여러 조언을 하셨다. 위장을 모두 절제하여 식도와 십이지장을 직접 연결했기에 처음에는 음식을 한두 수저밖에 먹을 수가 없었다. 선생님은 장을 늘려야 한다면서 토하면서도 음식을 먹으라고 격려하였다. 덕분에 점차 음식량이 늘고 나중에는 정상인과 비슷하게 되었다.

그러나 덤핑증후군, 위장관 과민증 등 수술 후 후유증이 회복될 때까지 많은 시간이 걸렸다. 나보다 더 큰 수술을 여러 번 하고도 이겨낸 선생님을 모델로 위안을 삼고, 선생님의 권고처럼 학내외 활동을 수술 전과 같이 유지하려고 노력하였다.

그러나 본래 날씬한 나는 수술 후 체중감소가 문제였다. 수술 전에 63kg 이던 체중이 55kg 까지 빠지고는 좀처럼 회복 되지 않았다. 입던 양복은 모두 처분하거나 바지를 줄이고 새로 몇 벌을 장만해야 하였다. 어느 날 우연히 주치의인 양한광 교수에게 하소연했더니 본래 체중으로 돌아가기 어려울 거라는 대답이었다. 이유를 묻는 나에게 양 교수 말이 수술 전날 밤 고창순 선생님이 집으로 전화를 하셨단다. 혹시 암이 퍼졌을지도 모르니 위 주위의 림프절을 모두 제거하라는 엄명이었다. 양 교수는 열심히 70여 개의 림프절을 떼어냈고 다행히 암의 전이는 없었으나, 위장관 림프관과 림프절이 없어져 음식 속의 지방성분을 장에서 흡수하는 길이 없어졌다고.

선생님이 나에게는 전혀 말씀하지 않은 내용이었다. 수술 전날 당사자인 나보다 더 걱정을 하고 궁리 끝에 대책을 생각한 것이었다. 그러고는 전혀 내색도 안 하셨다. 우리 선생님은 그런 분이셨다.

그러나 선생님이 예측 못하는 경우도 있다. 지난 겨울부터 체중이 늘기 시작하였다. 몸속에서 새로운 위장관 림프관과 림프절이 자라서 지방성분이 점차 흡수되는 것이다. 선생님이 살아 계셨다면

안도하며 얼마나 기뻐하셨을까?

선생님이 떠나신 지금 나는 양복바지를 다시 늘리며 그리움에 사무치고 있다.

한국인의 정

농경사회는 공동작업을 자주해서 집단의식이 필요했다.
'우리' 라는 틀 안에서 벗어나면 더 합리적인 의사결정을 할 수 있지 않을까?

사람은 자연환경의 영향을 가장 많이 받는다. 우리나라처럼 사계절이 뚜렷하면 사람의 성격이 잘 변하고 다소 과격해질 수가 있다. 날씨가 여름이면 금방 뜨거워졌다가 어느새 겨울이 되어 차가워진다. 한국인의 성격도 이를 닮아 어떤 일에 극단적으로 흥분하다가 어느새 다 잊어버리고 다른 일에 집착한다. 흔히 말하는 냄비 같은 성격이다.

국민성은 또 생활양식의 영향도 많이 받는다. 옛날부터 우리나라는 농경사회로 공동 작업을 자주해서 집단의식이 필요했다. 즉 구성원이 서로 '가족' 같이 여기고 행동하는 것이다. 실제 가까운 친척끼리 모여 사는 마을인 집성촌集姓村도 적지 않았다. 이런 사회에서는 삶의 방식이 보통 마을과 사뭇 다르다. 개인의 이익보다 집단의 이익을 생각하여 계산적이기 보다는 포괄적이다. 자연히 이성보다도 감성이 훈련되어, 흔한 말로 "우리가 남인가?"가 된다.

농경사회를 지난 현대를 살아가면서 이런 한국인의 의식과 국민성은 현실의 물정과 부딪치고 갈등도 나타나고 있다. 개인주의와 경쟁이 기본 원칙인 시장주의 현실과 우리나라 사람의 유전자에 아직도 남아있는 집단의식의 심정 사이에 작지 않은 차이가 있는 것이다. 정치, 경제 활동의 많은 잘못이 이런 이유로 생기고, 일반 사회생활에서도 흔히 나타난다.

특히 외국 여행이나 생활을 할 때에는 이러한 괴리를 보완하고 완충할 장치가 없는 상태이므로 인식 차이가 더 크게 나타날 수 있다.

여기 필자가 해외에서 경험한 두 가지 예를 이야기하겠다.

처음으로 해외여행을 할 때였다. 태국 방콕을 거쳐 인도네시아 자카르타에 가서 머무는 여정이었다. 해외는 처음 가는 데에다 동남아시아는 치안이 좋지 않다고 들어 3주간의 자카르타 생활이 다소 불안하기도 했다. 그런 차에 방콕에 착륙한 비행기에 고장이 생겨 하룻밤을 자게 되었다. 물론 호텔 요금은 항공사에서 지불하였다. 우연히 방콕을 구경할 기회가 생겼지만 혼자 시내로 나갈 용기가 없어 옆자리에 앉았던 인도네시아에 거주하는 교포에게 동행을 권했으나, 마침 돈이 떨어졌다면서 호텔에 남아 있겠단다. 내 또래의 30대인 그가 친구 같은 생각도 들고 첫 해외여행이라 같은 한국인이란 의식이 많이 작용해, 비용을 내가 대겠다며 시내관광을 제의했다. 그는 미안해하면서 내 돈으로 방콕의 밤거리를 구경하며 식사와 음주도 즐겼다. 인도네시아에서 신세를 갚겠다고 하면서.

다음 날 비행기로 자카르타 공항에 도착하니 공항건물은 구경 나온 현지인으로 가득 차 있었다. 외국인은 다소 위험하기도 해서 대개 호텔 측에서 마중을 나온다. 그 친구는 가족이 나와 있어 호텔 직원을 기다리는 나에게 전화번호를 적어주고 먼저 떠났다. 비행기 도착 일정이 바뀌어 걱정이 되었던 나는 그의 행동에 다소 섭섭했지만 다행이 호텔에서 보낸 안내원을 찾을 수 있었다. 삼 주 간 교육을 받는 동안 몇 차례 전화를 했으나 통화가 이루어지지 않아 그 후 만나지를 못했다.

또 다른 경험은 독일 프랑크푸르트 대학에서 5주간 단기연수를 할 때였다. 독일에서 처음 오랫동안 머무르는 나에게 의대 동기생이 독일 카를스루에에 사는 지인을 소개시켜 주었다. 박정희 대통령 시절에 광부로 독일에 이민 간 분이었다. 어느 금요일 날 그가 프랑크푸르트에 업무가 있다면서 나를 찾아왔다. 저녁식사 후 주말에 바덴바덴 여행을 권해 한 밤중에 그의 차편으로 카를스루에로 이동했다. 그 동네에서는 식품점을 하는 유지로 그날 밤 주점에서 외상으로 맥주를 마시면서 연말에 일 년치를 정산한다고 했다. 다음 날 아침에 식품점에서 그의 남동생을 만났다. 내가 기차 편으로 바덴바덴을 구경 간다고 하니 자기가 거기에 산다고 전화번호를 알려 주었다.

토요일인 그날 오후 바덴바덴을 구경했다. 로마시대부터 유명한 휴양지였던 이 도시는 우리에게는 서울을 1988년 하계 올림픽 개최지로 선정한 곳으로 기억에 남아있다. 바덴은 목욕을 뜻하는

bath에서 유래된 말로 우리나라로 치면 온양온천 쯤 되는 '온천중의 온천' 이었다. 로마식 목욕탕과 유적지를 구경하고 저녁에 그 남동생 집에 전화하니 외출하셨다고 아들이 전화를 받았다. 다소 부담감이 있던 터라 잘 되었다고 기차역에 가니 남동생분이 먼저 와서 기다리고 있는 것이 아닌가! 부재중에 전화를 해서 부랴부랴 나와서 기다리고 있었다며 집에 가 저녁을 하자고 한다. 미안하지만 그 집에서 저녁을 먹고 시내 구경을 하였다. 또 밤에 맥주나 마시면서 이야기 하자고 프랑크푸르트로 돌아가려는 나를 잡아서 염치없지만 그러기로 했다.

바덴바덴에 사는 유일한 한국인 가정이었다. 남편은 나보다 한 살 위로 W고등학교와 H대학교 건축과를 나와 현대건설에 근무했었고 부인은 간호사였다. 서로 다닌 고등학교가 인접해 있어 옛날 학창시절 이야기와 한국 정치 이야기를 하면서 밤을 지새웠다. 아침식사 후 떠나려는 나에게 낮에 등산을 같이 하자면서 붙잡는다. 어쩔 수 없이 세 명의 식구와 산에 갔다. 독일에는 흑림黑林(Schwarzwald)이라고 나무로 가득 찬 산세가 유명하다. 수풀이 너무 짙어 검기까지 한 것이다. 삼림욕을 즐기고 돌아와 프랑크푸르트로 가려하니 이르지만 저녁을 하고 가라면서 서둘러 식사를 준비했다.

저녁식사까지 대접 받으니 너무나 미안했다. 처음 만난 사람에게 1박 2일 동안 일방적으로 신세를 진 것이다. 어떻게 신세를 갚을 방법은 없고 마침 아들이 방학에 서울에 온다고 해서 전화번호를

적어 주었으나 연락을 받지 못했다.

이 두 경험을 놓고 생각해 본다. 첫 번째의 예는 내가 그 친구를, 두 번째는 남동생이 나를 '가족'으로 여긴 경우였다. 우리나라 사람은 일단 '우리'라고 생각하면 자기가 가지고 있는 모든 것을 다 준다. 감정이 이성적인 계산법을 앞서, 소위 정이 많은 것이다. 그러나 자본주의 사회인 실제 생활에서는 이 괴리에 의해 내 경험처럼 실망도 하고, 감격도 하는 것이다.

이제는 이런 감정과 현실 사이의 괴리에서 벗어나야 한다. 모든 사람을 '우리'라고 여기지만 합리적인 계산법을 적용하는 것이 슬기롭게 사는 지혜가 아닐까?

우리나라 성씨에 관한 단상

여행을 하며 얻게 되는 것 중 사람을 통한 '깨달음' 만큼 귀중한 것도 없다.
돌을 던지면 1/5이 김 씨 머리에 맞는다.

1995년 아랍 에미리트에서 열린 국제원자력기구(IAEA) 지역연수과정에 강사로 참석할 때의 일이다. 방사성표지 항체로 암을 영상 진단하는 면역신티그라피에 관해 두바이종합병원에서 중동지역 의사를 대상으로 2주간 교육하는 과정이었다. IAEA측에서 서울에서 두바이까지 비즈니스 항공권을 보내주어 홍콩에서 비행기를 갈아타고 두바이로 향했다.

캐세이패시픽 비행기에 탑승하니 옆 자리에 중년의 일본 남자분이 앉아 있었다. 하관이 뾰족한 일본인 특유의 얼굴과 작은 키에 어울리지 않는 양복, 햇볕에 그을린 얼굴, 거친 손으로 보아 농사일을 하시는 분 같았다. 스튜어디스가 권하는 스테이크 음식도 입에 맞지 않은 모양이었다. 그런데 이 분은 비행기간 내내 노트를 꺼내어 무엇인가 열심히 적고 있었다. 호기심이 생겨 힐끗 보니 좌석 스크린에 나타나는 비행정보, 즉 비행기 고도, 속도, 바깥 온도, 바람세기 등을 적고 있는 것이 아닌가? 의미 없는 정보를 열심히 시간 별로 적는 것을 보니 어이가 없었다. 속으로 일본인의 고지식함과 생각 없는 따라 하기를 마음껏 비웃었다.

비행기가 도착하기 전 스튜어디스가 입국 카드를 나누어 주었다. 카드에 이름을 영어로 쓰고 나니 그 다음 줄에 아버지 이름을 쓰란다. 약간 이상했으나 적고 나니 또 밑 칸에 할아버지 이름을 적으라고 프린트 되어 있는 것이 아닌가! 나 자신도 할아버지 성함이 아리송한데 무슨 이유로 원하는지 자못 궁금하였다. 그런데 옆 자리 일본인은 노트를 꺼내더니 그 안에 미리 적어 온 아버지와 할아버지의 영어 이름을 베끼고 있었다! 그들의 철저한 준비성에 다시 놀랄 수밖에 없었다.

공항에 마중 나온 안내인에게 바로 입국카드의 궁금증을 풀었다. 아랍인들은 귀족을 제외하고 일반 서민들은 성姓이 없단다. 따라서 자기 이름 뒤에 아버지와 할아버지 이름을 적어 '누구의 자식의 또 그 자식' 이란 방법으로 사람을 구별하고 확인한다는 것이었다. 마치 성경에 '아브라함이 이삭을 낳고 이삭은 야곱을 낳고 야곱은 유다와 그의 형제를 낳고' 하는 식이다.

우리나라도 옛날에는 양반가문에만 성이 있었다. 나라에 큰 공로가 있는 경우 왕이 하사해 주는 성씨를 가지게 되었다. 이런 이유로 유난히 성씨와 가문 혈통을 중요하게 생각했다. 특히 고려가 건국된 후에 각 지방의 호족들에게 성을 붙여주게 되면서 성씨가 널리 퍼졌다고 한다. 물론 일반 백성들은 성이 없었다. 그러나 조선 후기에 들어와 정부가 부패해지고 상인들이 부를 축적하게 되자 돈으로 양반 자격을 사고 양반 성을 갖게 되기도 하였다. 또 조선 말기 모든 백성이 성을 갖게 되는 호적법이 시행되자 양반의 성을 흉내

내고 하인이 주인의 성을 따르는 등 원칙이 없어지게 되었다.

현재 우리나라에는 286개 성씨와 432개의 귀화 성씨가 있다. 이 숫자는 일본과 중국에 비교해 월등히 적은 편이다. 또한 많은 사람이 몇 개의 성에 편중되어 있다. 가장 흔한 다섯 개 성씨(김, 이, 박, 최, 정)가 모두 각각 백만 명이 넘어 인구전체의 40%를 차지한다. 물론 김씨가 880만 명으로 가장 많아 인구의 18%에 해당된다. 즉 남산에서 돌을 던지면 김 씨 머리에 맞을 확률이 거의 1/5인 것이다.

유난히 김씨가 많은 이유는 경주 김씨나 김해 김씨가 우리나라 고유의 성으로 삼국시대부터 있었기 때문이다. 김알지의 후손인 경주 김씨 가문에서 가장 많은 신라의 왕이 나왔고 집안의 역사가 길어 사람이 많아졌다. 더욱이 가야국의 김수로왕 후손인 김해 김씨까지 있다. 이씨의 경우 500년을 이어온 조선왕조시대에 늘어나기 시작해서 두 번째로 많은 인구를 가지게 되었다. 김씨 같은 우리나라 성씨 외에 많은 집안이 중국에서 건너왔다는 주장을 한다. 중국을 경외하는 중화사상 때문이다. 대부분 사실이 아니지만 팽씨, 범씨 등 일부 중국에서 건너온 성씨도 드물게는 있다.

일본에는 약 30만 개의 성이 있단다. 이 나라 역시 왕족과 귀족만 성씨를 사용했었다. 메이지 유신 때 호적정리를 하면서 평민들도 성을 만들었다. 이때 사는 곳의 환경을 따서 성을 많이 만들었기 때문에 성씨가 많아졌다고 한다. 성씨에 마을(村, 무라), 산(山, 야마),

섬(島, 시마) 같이 자연을 뜻하는 글자가 많다. 우리나라에서는 성이 같으면 많은 경우 친척이므로 반갑지만, 일본인 경우에는 타인이 우연하게 같은 성씨를 갖게 된 경우가 많다.

이런 인식의 차이가 역사적으로 나타난 사건이 일제강점기의 창씨개명 파동이다. 당시 일본정부는 내선일체內鮮一體(일본과 조선 사람이 차별이 없이 한 식구가 되는 것) 정책을 실시하였다. 물론 우리민족을 일본인에 동화시키고 또 우리 청년들을 전쟁터로 보내려는 의도였다. 이름으로 조선인임을 알 수 없게 하기 위해 조선인 성을 일본식으로 바꾸려고 한 것이다. 가족의 성씨에 자부심이 없는 일본인에게는 쉬운 일로 여겨졌겠지만, 우리에게는 문자 그대로 가문家門의 치욕이었다. 거센 일제의 압박을 이겨내고 우리 본래의 성을 고수하는 것이 자부심이었다.

다시 해외여행 이야기로 돌아가 보자. 나는 첫 해외여행으로 홍콩에 갔었다. 호텔에 도착하니 접수직원이 check-in 하냐고 상냥하게 물어왔다. check-in 이라는 용어를 처음 들은 나는 돈을 내라는 의미로 짐작하고(check라는 소리에), 여행사에 미리 예약을 했고 숙박비도 이미 지불했다고 더듬거리는 영어로 대답했다. 직원은 "그러니까 check-in 하는 것이냐"고 되물었고, 나는 다시 "그게 아니라 한국에서 이미 돈을 냈고 지금 막 도착했다"고 응답하는 진풍경이 반복되었다.

그 일본 사람의 노트에는 틀림없이 check-in을 비롯해 여행 중에 필요한 많은 영어 단어도 적혀 있었을 것이다. 기본적인 여행상식도 없이 무모할 정도의 용기를 가지고 해외에 나가는 나를 비롯한 많은 한국인들. 일본 사람의 답답할 정도의 고지식한 준비성을 배워야 하지 않을까.

우리 이름의 영어 표기

이름은 사람을 나타내고 언어는 나라를 대표한다.
한국인이라는 정체성을 나타내야 한다.

지금은 세계화 되어 우리나라도 외국인과 접촉이 빈번하고, 외국여행이나 외국생활도 많이 하게 되었다. 나의 경우 아시아지역 핵의학협력회의 의장을 맡고, 또 세계핵의학회를 서울에서 개최 하느라고 해외여행이 잦아 비행기 탑승실적이 400회를 넘는다.

중학교 때 담임선생님이 영어의 중요성을 강조하면서, 우리가 어른이 되면 그때는 외국 가는 것이 시골에서 서울 오는 것보다 더 잦을 것이라고 했다. 내 고향은 충청남도 삽교역에서 십 리 떨어진 마을이었는데, 시골집에 놀러 가면 작은할아버지께서 기차로 나를 서울 우리 집까지 데려다 주시곤 했다. 작은할아버지는 마을에서 역으로 걸어가는 도중 만나는 사람마다 물어보지도 않는데 서울 가는 중이라고 자랑하셨다. 그만큼 서울 가는 일이 드문 시절이었다.

알다시피 국제 공용어는 영어다. 누구나 다 영어로 이름을 표기해야 한다. 무엇이 정확한 표기 방법일까? 원래 발음과 가장 가까운 영어로 표현하되, 영어로 뜻이 이상하거나 발음이 어려운 경우를 피해야 하고, 또 한국인이라는 정체성에 혼동을 주지 말아야 한다고 생각한다.

이런 원칙을 깨닫게 된 계기가 있다. 1990년 9월이었다. 나는 IAEA(국제원자력기구) 프로젝트로 2주간 스코틀랜드에 있는 병원을 방문하고 있었다. 주말에 가을 바다 경치를 구경하려고 섬 사이를 운행하는 여객선을 탔다. 배에서 노부부를 만나서 그 집 정원에서 따온 사과도 나누어 먹고 같이 구경하면서 친해지게 되었다. 내가 준 명함을 보자 할아버지가 신이 나서 이야기를 시작했다. 자기가 언어학자인데 한국 사람의 영어이름 표기에 불만이 많다는 것이다. 할머니가 옆에서 이 양반이 본래 말을 막한다고 한눈을 찡긋거리며 양해를 구했다.

참고로 명함에는 내 영문이름이 June-Key Chung이라고 인쇄되어 있었다. 할아버지 말이 우선 June과 Key 사이에 하이픈을 넣은 것은 잘한 일이었다(사실은 은사이신 Chang-Soon Koh를 흉내 내어서 했다). 우리나라에 middle name은 없고 '준기'가 모두 first name이기 때문이다. 이때 보통은 두 음절인 우리 이름을 영어로는 붙여서 쓰는 것이 원칙이다. 그러나 이 경우 때로는 원치 않는 이상한 발음이 되기도 해, 각 음절을 하이픈으로 연결하면 쉽게 해결할 수 있다.

우리 병원 내과에 최성재 교수님이 계셨는데, 지금은 고인이 되셨지만 충청도 동향에 인간미가 가득한 선배였다. 미국연수 후 그곳 생활을 묻는 나에게 "병원 사람 모두 나에게 '형님'이라고 불러서 민망했다."라고 농담을 했다. 영어 이름을 Sung Jae Choi라고 써 미국에서 모두들 그를 '성(Sung)'이라고 불렀는데, 충청도

사투리로 '성' 은 '형' 이다.

문제는 이름의 정확한 표기였다. 노老 언어학자는 June-Key가 정확한 발음이냐고 물었다. 나는 다소 다르지만 외국 사람이 외우기 편하게 표기했다고 대답하자 야단을 맞았다. 나를 미국이나 영국 사람으로 오인한다며 정확하게 표기하란다. 특히 June은 영어권에서는 여자이름이다.

또 다른 문제는 성姓의 표기에 있다는 주장이었다. 지금 한국 사람이 사용하고 있는 대다수의 성의 스펠링이 영미 계통의 이름에서 빌려왔단다. 예를 들어 Kim, Lee는 정확한 표기가 아닌데 빌려왔고, Park는 전혀 다른 발음이고, Choi인 경우는 도저히 말이 안되고, Chung은 중국계에서 많이 쓴다. 언어학자 말씀은 처음에는 어색하겠지만 발음에 맞게 정확하게 영어로 쓰면 외국 사람들이 곧 익숙해진다는 것이다. 이제는 한국이 세계 속에서 우뚝 섰는데 한국인이라는 정체성을 나타내란다. 예를 들어 박씨는 Bahk라고 쓰면 된다.

사실 우리나라에서는 예로부터 성씨를 중요하게 여겼다. 양반과 중인만 성을 가지고 있었고, 왕이 성을 하사하는 경우도 있어 가문의 상징이었다. 이 중요한 성씨를 외국 사람의 성과 혼동되게 표기하는 것은 말이 안 된다. 우리가 우수하고 실력이 있으면, 외국 사람들이 우리의 발음을 배워 정확하게 성과 이름을 부를 것이다.

양생養生과 소요逍遙

앞으로 닥쳐올 일은 앞질러 맞이해선 안 되고, 지금 당하고 있는 일에
지나치게 소란 피워서는 안 되고, 이미 지나간 일에 오래 마음 쓰면 안 된다.

대학생 시절, 18세기 청나라 소주蘇州에 살았던 풍류객 심복沈復의 자서전인 〈부생육기浮生六記〉를 재미있게 읽었다. '덧없는 인생의 여섯 이야기'란 뜻인 이 책은 예술과 자연을 사랑한 저자의 일생을 기술했고, 심복의 처 운芸과의 아름답고 애절한 사랑이 주요 내용이다.

이 책을 읽게 된 이유는 임어당林語堂의 책 〈생활의 발견〉에서, 운芸이를 중국문학에서 가장 사랑스러운 여인으로 꼽았기 때문이었다.

이 책은 서로 다른 여섯 이야기를 독특하게 구성하여 운치가 있다. 1장에서는 운芸과의 사랑을, 2장에서는 사소한 생활 주변에서 느끼는 감흥을, 3장에서는 운芸과의 슬픈 이별 과정을 그렸다. 4장에서는 중국 명승지 유람을, 5장에서는 섬나라 유구국(지금의 오키나와) 여행을 기술하고, 마지막 6장에서 장수와 인생 해탈을 이야기하고 있다.

1장과 3장에서의 운芸과의 사랑과 이별은 〈젊은 히포크라테스를

위해서〉라는 내 책 속에 적어 놓았다.

친애하는 벗 S가 〈부생육기〉의 마지막 6장 '양생養生과 소요逍遙' 편을 정리해 보라는 권유를 했다. 마침 나도 같은 생각을 하고 있던 참이었다.

〈부생육기〉의 저자 심복은 나이 마흔에 평생을 애지중지하던 아내 진운陳芸이 죽자, 우울증이 생기고, 몸에 노쇠현상이 나타났다. 친구들의 충고에 따라 몸과 마음을 추스르고 장수하는 방법을 공부하기 시작했다. 이 6장은 심복이 익힌 내용을 기술한 것이다.

심복은 아내가 떠난 후 즐거움을 잊고 슬픔에만 잠겨있었다. 눈에 띄는 것 마다 슬픔이나 한스러움을 느끼게 하였다. 어느 날 〈장자莊子〉를 읽어 보니, 장자는 아내가 죽었을 때 동이를 두드리며 노래를 불렀다고. 아내에 대한 정이 없어서가 아니라, 어쩔 수 없는 일이라 오히려 달관한 것이었다.

양생을 하는 첫 걸음은 현실을 바로 보고 인정하는 것이다. 지금 나에게 괴로운 이 순간이 전체 우주의 입장에서 보면 찰나적인 꿈에 지나지 않는다.

사람의 한평생은 하나의 꿈
꿈속에 어쩌자고 애써 따지려는가?
꿈이 짧거나 길거나 모두 꿈인 것을!
후딱 한번 깨어나면 꿈이 어디에 있는가?

따라서 큰 의미 없는 근심을 하고, 지난 일을 후회하고, 앞날을 걱정할 일이 아니다.

앞으로 닥쳐올 일은 앞질러 맞이해선 안 되고
지금 당하고 있는 일에 지나치게 소란 피워서는 안 되고
이미 지나간 일에 오래 마음 쓰면 안 된다.

우리는 힘이 닿지 못하는 것까지 생각하고
지혜가 미치지 못하는 것까지 근심하고 있다.

심복은 매일 조용히 앉아 복식호흡과 호흡 셈하기 수행을 하면서 '줄이기'를 시작했다.

마음에 일이 적고, 입안에 말이 적고, 뱃속에 밥이 적어야 한다.
술은 절제하고, 화는 빨리 풀고, 욕심은 힘껏 누르는 것이 마땅하다.

말을 줄이고 편지를 줄이고 사귐을 줄이고 망상을 줄여야 한다.
그래야 몸을 바로 닦고 마음을 훌륭하게 키울 수 있다.

붓다는 인생 네 가지 괴로움에 병마를 들었다. 피할 수 없으나 생기는 원인과 해독을 줄일 수는 있다.

병을 치료하는 것보다 생기기 전에 다스리는 것이 낫고,
몸을 고치는 것보다 마음을 고치는 것이 나으며.

남이 고치는 것보다 먼저 스스로 고치는 것이 더욱 낫다.

크게 성내고, 크게 탐하고, 크게 취하는 것.
세 가지 가운데 하나라도 있으면 참된 기력을 잃는다.

병을 예방하고 스스로 고치려면
'잡념과 망상이 없는 조용함虛靜'에 마음을 두고
'섬세하고 심원한 이치微妙'에 소망을 맺고
'욕망 없는 경지無慾'에 생각을 맡기고
'인위를 보태지 않은 자연無爲'에 뜻을 돌린다.

몸을 보양하는 길은
첫째는 기호를, 둘째는 음식을, 셋째는 분노를, 넷째는 추위와 더위를,
다섯째는 사색을, 여섯째는 과로를 조심하는 데 있다.

양생의 길은 '맑고 깨끗하고 밝고 똑똑하다.'
만병의 해독은 '짙은 것'에서 생긴다. 이 병을 고치는 처방은 '엷은 것'

저자는 양생은 즐거움 속에서 잉태되는 것임을 깨달게 된다.

성현들은 모두 즐겁지 않은 도리가 없었다.
<논어>는 첫 마디가 즐거움에 대한 얘기이다.

즐거움이 곧 괴로움이고, 괴로움이 곧 즐거움이다. 약간 부족한 점이

있는 것이 어찌 복이 아니라고 하겠는가?

성인과 현인도 액운을 피하지 못했고, 신선이나 부처도 겁운을 면치 못했다. 오히려 액운으로써 성자나 현인으로 도야되었고, 겁운으로써 신선이나 부처로 단련되었다.

사람은 '이익과 명예' 때문에 인생을 괴롭게 지낸다.

나는 저녁에는 반드시 즐겁고 우스운 얘기를 찾아내어 손님과 환담한다.

한 발자국 더 나아가 적극적으로 즐겁게 사는 방안을 강구한다.

마음을 텅 비우고 환히 밝혀 기쁨과 노여움, 슬픔과 즐거움, 근심과 괴로움, 무서움과 두려움 같은 일들이 못 들어오게 했다. 근래에는 함부로 들어오는 때가 적어지고 있다. 마음의 주인이 한가운데 앉아 있으니, 곧 편안하고 즐거운 모습이 되는 것이다.

즐거움을 찾는 가장 좋은 방법은 '위와 견주면 모자라고, 아래에 견주면 남는다'는 옛 사람 말을 생각하는 것이다.

배고파 우는 사람에 비교하면 배부른 것만으로도

추위에 떠는 사람에 비교하면 따뜻한 것만으로도

병에 걸린 사람에 비교하면 건강한 것만으로도

재난에 빠진 사람에 비교하면 평안한 것만으로도

죽은 사람에 비교하면 살아있는 것만으로도 절로 즐겁다.

그러나 심복은 때로는 마지못해 즐겁게 지내려는 심정을 솔직히 고백하기도 했다.

우리는 모름지기 즐겁지 않은 가운데 즐거울 수 있는 방법을 찾아야 한다. 자기의 마음에서 자라야 한다. 나는 마지못해 그림과 시를 벗하고 지내는 것이다. 붓을 들고 먹을 펼침으로써 자기가 좋아하는 노래를 스스로 부르는 격이다. 마치 작은 풀은 적적하여 꽃을 스스로 뽐내고, 작은 새는 어쩔 수 없어 그 목소리를 스스로 뽐내듯이.

정情이란 반드시 붙일 곳이 있어야 하니_ 사람보다 차라리 꽃이나 나무 또는 그림이나 글씨에.

그는 양생에도 독서가 중요하다고 강조한다.

옛말에 "마당을 쓸고 향을 피우면 벌써 많은 복이 갖춰진다. 복이 있는 사람은 여기에 글 읽기를 더하고, 복이 없는 사람은 문득 딴 생각을 한다."

실로 공평한 마음으로 조용히 살펴본다면, 인간 세상에서 뜻에 거슬리는 일들이 모두 눈 녹듯 사라지는 것이다. 독서는 수양에 있어서 첫째 조건이다.

또 하나는 자연과의 교감과 적당한 운동이다. 그는 깊은 산에서 자연 속의 태극권을 즐겼다.

'자연의 소리'가 높고 낮게, 세고 여리게 나의 귓전을 감돌았다 끊겼다 이어졌다 하는 숲속의 새소리, 살랑살랑하는 나뭇잎 흔드는 산들바람 소리, 조잘조잘 대는 시냇물 소리. 나는 곱다랗고 새파란 잔디에 누워 말갛고 짙푸른 하늘을 바라본다.

"돌에 보석이 감추어 있어 산이 빛나고,
물에 진주가 품겨 있어 강은 고와라"

마침내 그는 소요逍遙의 경지에 다다르게 된다.

영화는 꽃잎의 이슬 되고, 부귀는 풀끝의 서리된다.
세상인심은 그냥 던져 놓고
유유하게 세월을 보내고 소탈하게 시간을 건넨다.

만족할 줄 알고 한가할 수 있으면, 이야말로 그 즐거움을 스스로 깨닫는 법이다.

다음은 작가가 맺은 결론이다.

한걸음 물러나서 생각해 보면, 나는 하늘로부터 이미 많은 것을 받았다. 이런 까닭에 나의 심기는 화평하고 부러움이나 원망이 없다.

누구나 타고난 운수가 있고, 이 변화에 순응해야 한다. 건강하게 살려면, 거리낌 없이 한가롭고 자유롭게 살고, 불평 없이 즐겁고 만족하면서

살아야 한다. 아내 운에 대한 어리석은 정이 자승자박이 되어 원한과 번뇌를 일으키고 신심을 해쳤다. 옛 현자들의 말씀에 따라 몸과 마음에 유익한 것만 찾아, 천성을 보전하고 수명을 온전하게 마치겠다.

저자 심복이 몇 살에 죽었는지 알 길은 없다. 〈부생육기〉의 내용에서 1763년에 태어나고, 4장을 쓴 연대가 1808년이니 45세 이상은 살았겠다. 이 6장의 '양생과 소요'를 쓸 정도의 식견을 가졌으니 더 장수하지 않았을까?

그러나 이것이 무슨 의미가 있는지.

'사람의 한평생은 하나의 꿈이요,
짧거나 길거나 모두 꿈인 것을!'

깍쟁이와 짠물의 대결

: 인생에는 공짜가 없고 노력에 의해서만 좋은 결과가 생긴다.
: 세상이 싱거워서 인천이 짜다.

2010년 겨울은 유난히 추웠다. 북극의 냉공기가 한반도의 반대쪽으로 불어와 영하 10~15도의 날씨가 계속되고 있었다. 이런 날이면 돌아가신 아버지의 유머가 생각난다. 가정적이던 아버지가, 퇴근길에 산 따뜻한 군고구마를 같이 들면서 하시던 이야기이다.

수원 깍쟁이가 있었다. 계산이 빠르고, 절대 남에게 손해를 안보는 사람이었다. 그런데 인천 사람이 짠돌이니까 만나면 조심하라고 아버지가 항상 당부했다. 오늘 같이 추운 겨울 밤, 그 수원 사람이 여행 중에 우연히 인천 사람과 여인숙 한 방에서 잠을 자게 되었다. 수원사람은 조심해야겠다고 마음속으로 생각했다. 그런데 방문 종이가 다 찢어져 추운 웃풍이 들어와 잠을 잘 수가 없었다. 두 사람은 이를 해결하기로 했다. 그런데 인천 사람이 자기는 창호지를 살 테니, 수원 사람보고 풀을 사오라는 것이었다. "인천사람을 짠물이라고 하더니 별 거 아니군" 이라고 생각하고 동의하였다. 창호지가 더 비싸기 때문이었다.

두 사람은 사온 창호지에 풀을 발라 찢어진 문짝을 고치고 하룻밤을 지냈다. 다음 날 아침, 인천 사람은 문짝에서 창호지를 떼고 잘 접어서 가지고 갔다. 수원 사람은 풀을 뗄 수가 없어서 손해를 보았다.

인터넷을 찾아보니, 이 이야기는 수원 사람과 개성 사람 사이의 일이라는 설도 있다. 수원과 개성은 옛날부터 지방에서 서울(한양)로 육로로 걸어올 때 거쳐야 하는 지역이었다. 즉, 시골 사람이 도시 사람을 처음 만나는 곳이다. 가까운 친척들이 모여 사는 시골동네와는 달리 이곳에선, 사사건건 이익과 손해를 따지고 계산이 정확해야 했다. 이런 도시 사람의 풍속이 촌사람 눈에는 모두 깍쟁이로 보였던 것이다.

또 한양으로 오가는 길목에 있었기 때문에 많은 사람들이 왕래하고. 이들을 상대로 장사하는 가게들이 많이 생겼다. 가게의 원말은 '가가假家' 로 장사를 하기 위한 가건물이란 뜻이다. 가게를 하는 사람인 '가가쟁이' 가 나중에 '가게쟁이' 와 '깍쟁이' 로 변한 것이다. 즉, 깍쟁이는 바로 가게를 하던 사람들의 본성을 나타내는 말이었다.

흔히들 인천 사람을 짠물이라고 한다. 지독하고 대인관계에 있어서 인색하다는 것이다. 나는 이것을 수원 사람과 같은 이유로 생각한다. 인천이나 제물포가 서해바다와 접해 있어, 시골 사람이 바다를 이용해 배로 한양을 오갈 때 처음 거쳐야 하는 지방이기 때문이다. 인천 사람의 계산법을 자연히 바다의 짠물을 빗대 말하고, 특히 인천이 소금을 공급하는 천일염의 주산지였기 때문에 이 별명이 생겼을 것이다.

일설에 의하면 "인천 미두장에서 망한 사람들 때문에 더 짜다"라는 말이 생겼다고. 구한말부터 인천이 쌀 수출 항구가 되고 현금이 풍부해지자, 일본인들이 증권거래와 비슷하게 쌀값 변동에 따라 이익이나 손해를 보는 '인천 미두취인소'를 세워 돈을 약탈했단다.

요즘은 인천과 수원에 다른 지역에서 인구가 유입돼 몇 백만의 대도시가 되면서 이런 특성이 사라지고 또 잊혀져가고 있다. 오히려 지역사회에서 "수원 깍쟁이는 팬티바람으로 30리를 간다", "맹물보다 짠물"이라고 긍정적으로 해석해 지역 주민의 자존심을 세우는 경우도 많다. 그만큼 적극적으로 열심히 산다는 의미이다. 근대 역사를 보아도 이곳에서 근검절약해 상업으로 성공하여 독립운동, 교육 사업, 빈민 구제에 아낌없이 재산을 사용한 인물들이 많았다.

사실 요즘 사람들은 인생을 너무 쉽고 편하게 살려고만 한다. 빠른 시간 안에 힘들이지 않고 많은 돈을 벌어서 오랫동안 행복하게 지내고 싶어 한다. 연예인이 되기를 갈망하는 이유 중 하나이다. 인생에는 공짜가 없고 노력에 의해서만 좋은 결과가 생긴다는 것을 알려주어야 한다. 공명정대하게 이익과 손실을 따지고 지독하게 아끼고 노력하는 태도를 젊은이에게 가르치고 보여 주어야 한다. 이것이 진정한 삶의 자세로 조금이라도 가치 있는 일생을 만들 수 있기 때문이다. "인천이 짠물인 이유는 요즘 세상이 싱겁기 때문이다" 인천시립박물관에서 열렸던 '인천 짠물' 기획전시의 결론이다.

지는 야구팀 응원하기

패하는 데에는 반드시 이유가 있기 마련이고
이를 분석하는 것이 인생살이에 도움을 주기도 한다.

일전에 출판한 〈젊은 히포크라테스를 위하여〉에서 야구는 내 인생에서 고향 뒷동산 같다고 했다. 옛날의 아련한 기억과 야구가 추억 속에 뒤섞여 있다. 어릴 때부터 지금 이 순간 까지 야구는 내 바로 옆에 있어왔다. 특히 프로야구가 생긴 이후로는 생활의 일부로 녹아 들어와 있다.

1982년 내가 전문의를 마치고 막 군의관으로 근무할 때 프로야구가 시작되었다. 그 당시 인기였던 고교야구의 열기를 이어 받은 것이다. 빠듯한 레지던트 시절을 끝내고 군병원에서 비교적 시간이 많아진 우리들, 특히 나는 프로야구에 열광했다. 각 야구팀의 전적뿐 아니라 개인선수의 기록까지 외울 정도였다. 나는 충청도 고향의 연고팀인 OB팀을 응원하였다. 고향 팀일 뿐만 아니라 일본 프로야구 출신인 김영덕 감독 때문이기도 하였다. 김 감독은 그 당시 야구 변방이었던 우리나라에 일본의 선진 야구를 도입하는 선봉장이었다. 다른 팀들은 감독이 스스로 런너코치가 되어 그라운드에 나섰으나 그는 OB팀 더그아웃 구석에 쭈그리고 앉아 있었다. 경기를 세밀하게 분석하면서 코치들을 앞세우고 뒤에서 팀을 조절하였다.

게임에서 승리하여 감독 인터뷰를 할 때에도 선수와 코치들이 스스로 잘했다고 뒤에 물러서기 일쑤였다. 김 감독에게서 나는 진정한 프로의 자세와 일본야구의 정교함을 배울 수 있었다.

이런 훌륭한 감독 아래 미국 마이너리그 경험이 있는 박철순이라는 초대형 투수가 있었다. 그해 코리안 시리즈에서 OB는 삼성을 꺾고 원년의 챔피언이 되었다. 그 후 서울로 연고지를 옮긴 OB팀은 우리집안의 열렬한 후원을 얻었다. 우리도 충청도에서 서울로 이사 왔기 때문이었다. 여기에 우리병원의 부원장이 OB 두산그룹 창업자 아드님이었던 이유도 있다. 한창 때에는 우리병원의 회식에서는 OB맥주만 애용하기도 하였다.

그러나 OB팀은 우승 후 한동안 두각을 나타내지 못했다. 원년에 무리한 박철순 투수는 허리부상으로 고생을 하였다. 구단의 전폭적인 지원으로 몇 차례 수술을 하고 본인의 굳은 의지로 재기를 거듭하였으나 제 역할을 다시 찾지 못하였다. 모처럼 참가한 코리안 시리즈에서 한번 마무리 투수로 마지막을 장식하고 은퇴하였다. 아버지와 나는 잠실야구장을 간간히 찾으면서 분투하고 있던 OB팀을 안타까워하곤 하였다.

1989년 여름에 미국에서 장기연수를 마치고 귀국한 나는 아내와 3남매를 동반하고 야구장을 다시 찾았다. 마침 그 때 MBC청룡팀을 인수한 서울 LG트윈스팀의 팬이 되었다. 특히 유지현, 서용빈, 김재현 삼총사 같이 막 입단한 어린 선수들이 인기가 많았다. LG팀은

OB팀과 달리 호쾌한 야구를 선보였다. 미국에서 공부한 이광환 감독이 소위 자율야구를 주창해 선수의 기를 살려 스스로 운동하게 하였다. 이광환 감독은 내 고등학교 선배로 고등학교 3학년 때 연평균 타율이 4할이 넘어 이강민 타격상을 받은 뛰어난 선수였고 리더십도 있었다. LG팀은 탁월한 실력으로 1990년과 1994년에 페넌트 레이스에서 우승을 하였고 코리안 시리즈에서도 승리하였다. 우리 가족은 집에서 만든 김밥으로 잠실야구장에서 요기하고 승리를 만끽하면서 여가를 즐기곤 하였다.

그 후 프로야구는 우리 집안의 일상이 되었다. 평일에는 일과 후에 바로 퇴근해 야구시합을 시청하고 주말에는 두 대의 TV앞에서 번갈아 다른 야구 경기를 보기도 하였다. 화장실에 갈 시간이 없는 것이 즐거운 고역이었다. 다른 일로 야구 경기를 보지 못하는 경우에는 식구들이 서로 경기결과를 알려주었다. LG팀의 승패에 따라 집안 분위기가 변할 정도였다.

지금은 위성방송국들이 경쟁적으로 프로야구 경기를 다루고 있다. 모든 야구경기가 현장 중계되고 그 후에는 각 방송국에서 경기를 다시 녹화중계하고 전문가가 분석하여주고 있다. 따라서 나 같은 일반인도 전문가 못지않게 야구에 대한 일가견을 가지게 되었다. 밤늦게라도 그 날의 경기를 즐길 수 있어 나에게는 아주 편리하다.

이제는 많은 우리선수들이 일본과 미국의 프로야구에서 활약하고 있다. 특히 박찬호 선수가 LA 다저스 팀에서 한참동안을 명투수로 활약하였다. 현장중계를 우리나라에서는 한낮에 하기에 나는 사무실에 TV를 비치하고 야구를 보면서 업무를 처리하곤 하였다. 한 경기에 100여개의 투구를 하지만 한두 개의 실투로 경기가 결정되는 광경을 보면서 힘과 집중력을 겸비한 미국 메이저리그의 높은 수준을 알 수 있었다.

최근에는 한참동안 LG의 성적이 최하위권에 머물러있다. 십년 동안이나 플레이 오프 경기에도 참가하지 못하고 있다. 그러나 우리가족은 아직도 LG팀의 열렬한 팬이다. 매년 초반에는 곧잘 승리를 하면서 후반기에는 다시 하위권으로 떨어지는 성적을 보이고 있다. 따라서 우리집안의 분위기는 밝지 않은 날이 대부분이다. 그러면 왜 팀을 바꾸지 않고 계속 응원을 하고 있는가? 우선 선수 및 코치진(왕년의 LG 선수들)에 대한 애정 때문이다. 어릴 때 초년생 선수부터 성장해 스타가 되고, 또 지금까지의 과정을 같이 보고 즐겼던 추억 때문이다. LG팀과의 동고동락同苦同樂이 지내온 내 인생의 일부이기 때문이다. 또한 아직도 간간히 보여주는 신바람 야구에 대한 매력 때문이다.

나는 대부분 지고 있는 LG 경기를 지금도 보고 있다. 어떤 팬들은 성적이 나쁠 때는 외면하다가 성적이 좋을 때 관심을 보며 즐기기도 한다. 아마 정신건강상으로는 이러한 태도가 바람직하기도 할 것이다. 나도 곧잘 이기고 있는 두산(과거의 OB팀)이나 새로운 강자로 발돋움하려는 넥센 같은 서울 팀을 곁눈질하기도 한다.

그러나 응원한 팀이 지는 경기에서 많은 것을 배울 수 있다. 패하는데에는 반드시 이유가 있기 마련이고 이를 분석하는 것이 인생살이에 도움을 주기도 한다. 야구는 인생의 축소판이기 때문이다. 좋아하는 선수나 팀이 지는 경우 그 원인은 더욱 뼈저리게 내 가슴에 다가온다.

예를 들어 수비에서 실수를 많이 하면 경기에서 반드시 지게 된다. 즉 사람은 자기 스스로 무너지기 마련이다. 자신의 마음가짐에 따라 승패가 좌우되는 것이다. 야구는 단체경기이지만 어느 경우에는 공수에서 한두 선수의 활약으로 승리하기도 한다. 어떤 단체나 조직에서도 몇 명의 리더가 승패를 결정하는 경우가 많다. 투수의 경우 안타를 맞더라도 포볼을 주지 않아야 된다고 누누이 해설자는 강조한다. 투수가 모를 리가 없다. 그러나 그의 입장에서는 최상의 결과를 얻기 위하여 스트라이크존의 코너로 공을 던지다 보니 포볼이 되는 것이다. 이는 인생살이에서 항상 나에게 바람직한 결과만 나오지 않는 것과 같다. 어떤 일을 하면서 최상이 아닌 중간정도의 결과를 기대하는 것이 현명한 대처법이다.

꼴찌 팀이라도 누구나 승리하기 위해서 노력하기 마련이다. 우리 LG팀도 모든 선수들이 머리를 삭발하면서 결의를 다지곤 한다. 심지어는 미국에서 온 용병들까지 자진하여 삭발에 동참하였다. 선수들이나 코치진은 좋은 성적을 올리겠다고 다짐하며 나름대로 열심히 노력하고 있다. 그러나 결과는 여전히 좋지 않게 나오고 있다. 팬들의 자조적인 말처럼 "LG는 경기 중에 상대 팀의 점수는 쫓아가나 결코 앞지르지는 않는다."

나는 이유를 알 수 있을 것 같다. 인기 있는 서울 팀인 LG에게는 부족함이 없다. 승패에 관계없이 충분한 구단의 지원이나 열렬한 팬이 있는 선수들에게는 반드시 이겨야 할 이유가 없는 것이다. 프로야구 선수는 누구나 열심히 하고 실력은 비슷하다. 이기지 않으면 안 되는 배수진이 없는 야구선수나 야구팀은 프로경기에서 살아남을 수가 없다. 상대방의 점수는 따라가나 마지막 힘을 다해 역전할 악착은 없는 것이다. 인생에서도 마찬가지이다. 승리에 대한 절박감과 절실함이 없는 사람은 성공할 수가 없다.

성공하여야 할 이유가 절실하게 있는 사람이, 이기지 않으면 파멸되는 절박한 경우에만 초인간적인 능력이 나타난다. 죽을힘을 다해 모든 정성과 노력을 어떤 일에 집중하는 것이다. 예수님과 이순신 장군의 말씀대로 죽고자 하는 사람이 사는 것이다. 인생살이의 중요한 교훈을 매번 아픈 마음에 실감하며 배우는 것이 내가 오늘도 또 지고 있는 LG팀 경기를 계속 보는 이유이다.

1. 인생은 짧고 '의술'은 길다

2. 어두운 세상속 한줄기 위안

3. 한국판 히포크라테스 선서

4. 경성의학전문학교 한국인 졸업 앨범

5. 수석 졸업생

6. 노벨상과 해파리

7. 이혼하는 일본 대학교수

8. 미국 암센터의 그루지야 왕자

9. 잘 생긴 한국인의 얼굴은?

10. 결혼 부부의 사회생물학

11. 연애를 잘하는 기술

4장. 의학, 그 짐을 지다

인생은 짧고 '의술'은 길다

의학과 인문과학은 모두 사람이 관심의 대상이고
인간의 가치를 바르게 이해하기 위한 분야라는 점에서 공통점을 가지고 있다.

나의 졸저 〈젊은 히포크라테스를 위하여〉에 '지킬 박사와 하이드의 비밀'이라는 제목의 글이 있다. 간경화증으로 입원한 점잖고 인자한 대학교수가 혈중 칼륨과 암모니아가 올라가면서 간성혼수로 진행되어 하이드처럼 난폭해진 사건을 소개하는 내용이다. 나는 한때 고귀한 인간의 정신이 하찮은 미네랄 이온의 농도에 좌우되는 현실을 보고 인간정신의 존엄성을 의심한 적이 있다. 의학공부를 하면서 과학적, 생물학적 사실을 진리로 인정할 수밖에 없는 현실에서 과학세계와 정신세계의 가치를 모순 없이 인정하는 방법은 없는가에 대한 고민을 토로하면서 이 글을 끝냈었다.

최근에 은사이신 고창순 선생님과 친구이신 최영철 회장님 주선으로 이어령 선생님과 점심식사를 하게 되었다. 이어령 선생님은 사물에 대한 특유의 예리한 통찰을 적절한 언어로 표현하시면서 식사 내내 대화를 이끄셨다. 특히 내가 의대 교수인 점을 감안하셔서 생명과 의학, 질병과 치료에 관해 당신의 견해를 피력하셨다. 나는 이 선생님의 말씀에 귀 기울이면서 즐거움을 느끼고, 또 그 혜안에 감탄하면서 평소 가지고 있던 궁금증에 대한 해답의 방향을 제시받게 되었다.

우선 선생님은 자연과학의 한계를 지적하셨다. 뉴턴이 사과가 익어 떨어지는 현상에서 현대 물리학의 기초가 되는 만유인력을 발견했으나, 왜 사과가 그 높이에 열매 맺게 되었는지 밝히지는 못했다. 아니, 생각하지도 않았을 것이다. 즉 어떤 현상의 반쪽짜리 설명이다. 흔히 과학자가 빠지기 쉬운 오류라는 것이다.

사과가 그 높이에 열리게 된 사실은 어떻게 설명해야 할까? 아마도 사과 씨의 유전자, 태양과 토양 등 주위환경, 나무줄기의 상태 등이 복합적으로 작용해 그 위치에 열매 맺게 되었을 것이다. 과학적으로 설명되는 듯싶다. 그러나 좀 더 생각해 보면, 왜 이러한 여건들이 그 순간에 만나서 상호작용했는지 의문이 생긴다. 물론 이런 조건들의 직전 원인을 알아낼 수는 있겠지만 또다시 전제 여건에 관한 의문은 계속된다. 나중에는 "자연의 섭리이다. 신이나 하느님의 뜻이다"라고 말할 수밖에 없을 것이다. 이렇게 우리가 마주치는 대부분의 현상이나 사건을 자연과학만으로는 규명할 수 없다.

많은 현상을 인문학으로 설명할 수 있다. 인문학의 목표는 '인간과 인간의 본성을 인식하여, 우리 인간의 상황과 우리가 살고 있는 현실세계를 훨씬 폭넓게 이해하는 것'으로 정치, 경제, 역사, 학예 등 인간과 인류문화에 관한 정신과학을 통틀어 이르는 말이다. 정신 활동은 합리적이고 과학적인 정신과 상상적이고 인문적인 정신으로 나눌 수 있다. 객관적 관찰, 사실, 예측 등은 과학의 영역에 있고, 삶 · 운명 · 자유 등과 같은 탄력 있는 이미지나

관념은 인문학의 영역이다.

의학도 인문과학의 성격을 가지고 있다. 두 학문 모두 사람이 관심의 대상이고 인간의 가치를 바르게 이해하기 위한 분야이기 때문이다. 질병의 전개과정, 진단과 치료 과정에 생리학, 병리학, 생물학, 생화학 등 자연과학이 작용하지만, 질병과 인간의 투쟁, 치료법과 인체의 반응, 의료진과 환자의 교감 등 적지 않은 부분에서 인문학적 요소가 작동한다. 특히 질병의 초기 형성과정과 치료과정에서는 인간의 생각, 행동, 반응, 의지 등 정신적 요소가 많이 관여한다.

따라서 의대 교육과 전공의 수련과정에서 인문학적 내용을 필수적으로 가르쳐야 한다. 그러나 의료가 특수한 전문분야이기 때문에 인문학 전문가가 교육하기가 수월하지 않다. 잘못하면 의료 현실과 동떨어진 피상적이거나 관념적이기만 한 가르침이 되기 때문이다. 따라서 선배 의료인이나 의료 문화 전문가가 수행해야 한다. 그러나 의대 교수진의 경우 이 분야의 전문가가 드물고, 자기 전공분야의 교육에도 시간적 공간적 제약을 받고 있는 실정이다. 피교육자인 의대생이나 전공의는 이러한 필요성조차 인식하지 못하는 경우도 있다.

의대 교수와 선배들이 인문교육의 중요성을 깨닫고 훈련을 받아, 충분한 시간을 가지고 의료 현장에서 후학들에게 가르쳐야한다. 다른 일반 의학교육과 함께 의술을 science(자연과학)가 아닌

art(자연과학과 인문학의 총체)로 설명하고 전수하는 것이다. 과학세계와 정신세계가 환자치료에 모두 중요한 것을 알아야 진정한 의사가 된다.

사람은 고귀한 영혼과 정교한 육체를 가진, 신이 만든 완벽한 작품이다. 인체에서 생기는 질병의 치료에도 인문학과 자연과학을 모두 아우르는 대처가 필요한 것도 이 때문이리라.

어두운 세상속 한줄기 위안

환자는 질병 때문에 정신적 육체적으로 약해 보이기도 하지만
우리와 똑같은 인격을 가지고 있다는 사실을 잊지 말아야 한다.

환자들은 대부분 육체적이나 정신적으로 어떤 장애를 가지고 있다. 의료인들은 이런 환자를 대할 때 보호 본능이 생기기도 하지만 솔직히 말해서, 가끔은 약간의 우월감을 느끼기도 한다. 장애가 없는 경우에도, 환자는 약자의 입장에 있기 때문에 무의식중에 이러한 태도를 보이기도 한다. 마치 자기와는 달리, 본래부터 그렇게 태어난 것같이 착각하기도 한다. 의료인 자신은 헤르만 헤세의 소설 〈데미안〉에 나오는 주인공처럼 '밝은 세계' 에 속해 있고, 환자는 '어두운 세계' 에 있다고 생각한다.

어렸을 때 나도 데미안의 주인공과 비슷한 생각을 했다. 이 세상에서 우리 어머니가 제일 예쁘고, 우리 아버지가 제일 멋지고, 우리 집 음식이 가장 맛있었다. 우리 집은 행복과 광채로 가득 차있고, 나는 이 세상에서 가장 중요했다. 즉, 나를 중심으로 세상이 돌아가고 있다고 생각했다. 밤에도 보름달이 나를 쫓아 따라오지 않는가?

그러나 성장하면서 이것이 틀린 생각임을 점차 깨닫게 된다. 우리 부모보다 더 미인인 친구 어머니와 더 훌륭한 친구 아버지도 있다. 달은 모든 사람을 따라다닌다는 사실은 나에게 충격적이기까지 했다. 내가 항상 '밝은 세계'에만 있는 것이 아니라, '어두운 세계'에도 들어갈 수 있고, 내가 세상의 중심이 아니라 구성원에 불과하다는 것을 인식하게 된다. 다르게 말하면 세상을 알게 되는 것이고 철이 드는 것이다.

그러나 의료인 중에는 아직도 환자와의 관계에서 철이 덜 드는 경우가 있다. 마치 어린아이처럼 자기가 우월하다고 착각해, 환자의 인격을 과소평가하고 얕보기도 한다. 의료의 성격상 항상 의사가 도움을 주고 환자는 도움을 받는 입장이기 때문에 자기가 우월하다는 생각도 들게 마련이다. 또한 환자가 의사 표현을 제대로 못하는 상황이 생기기도 하기 때문이다. 예를 하나 들겠다.

핵의학 선배 중에 나를 아껴주고 가까운 D 여선생님이 계신다. 학회 회장, 병원 부원장, 정부 기관의 전문의원 등 많은 활약을 하고 계셨다. 지난겨울 교통사고로 뇌출혈이 생겨 혼수상태로 2개월이 지나서 겨우 의식이 돌아왔다. 그러나 아직 한쪽 팔 다리가 마비되고 발음도 불명확한 상태였다. 병문안을 온 나를 보자, 내 이름을 더듬거리며 기억하고 계셨다. 그러나 여러 정황으로 보아 의식이 아직 정상으로 돌아오지는 않은 것 같았다. 책을 보고 글씨를 읽기 시작했다는 간병인의 말을 듣고 내 수필집을 전해 주었다. 다음 날 어린애를 대하는 태도로, 책의 어느 곳이 재미있었느냐고 물어보는 나에게 더듬거리는 목소리로 전공의 시절을 쓴 '동위원소실'

이야기가 제일 좋았다고 대답하는 것이 아닌가. 비록 말을 잘 못하는 상태였지만, 정신은 똑똑히 있는 것이다! 선배가 아닌 환자를 대하듯이 하고 있던 나는 자세를 바로잡아야 했다.

우리가 다른 환자를 만날 때도 마찬가지이다. 질병 때문에 정신적 육체적으로 약해 보이기도 하지만 우리와 똑같은 인격을 가지고 있는 것이다. 의료진이 병을 찾아내고 고쳐준다고 해서 환자보다 인격적으로 더 훌륭한 것이 아니다. 환자보다 더 가치 있는 인간이라는 것은 아니다. 환자는 지금은 운이 없어 '어두운 세계'의 질곡에 있지만 그들도 우리와 똑같은 '밝은 세계'에 있었던 사람이다. 우리 의료인이 환자의 품위와 삶을 존중할 때, 환자의 병과 아픔을 같이 느낄 때 진실한 라포르(rapport)가 형성되기 시작한다. 우리가 '어두운 세계'에 한줄기 위안이 될 수 있는 것이다. 공자가 군자의 덕목으로 강조한 인仁의 자세를 의료인은 필수적으로 가져야 한다.

한국판 히포크라테스 선서

의원들이 꼭 지켜야 할 강령을 만들었다.
'의도는 정직'이라고 한다.

2012년 1월 어느 날 정형외과 이춘기 교수가 박물관에 있는 내 방에 들렀다. 같은 집안인 연안延安 이 씨의 종친회에 계신 분이 얼마 전 고문서를 보내 주었다는 것이다.

약 600년 전 조선 초기의 유명한 학자이자 명신名臣인 저헌樗軒 이석형李石亨(1415-1477)에 관한 문헌이었다. 그분의 친구인 문인 김수온金守溫(1410-1481)의 시문집 식우집拭疣集에 실린 이야기인데, 다음은 간략한 내용이다.

저헌 이석형 공이 전라감사로 부임하여 민정을 살필 때였다.

강진에 있는 만덕사에 잠시 머물렀는데 환자 가족들이 벌이는 소동을 맞닥뜨리게 되었다. 보성지방에 장덕張德이라는 의원이 있는데 환자가 와도 소홀히 대하며 권력자 가족만 정성들여 돌보아 백성들의 원성이 자자하다는 거였다. 또한 병 치료를 구실로 돈을 착취하여 치부하는 등 민폐가 많아 관가에 억울함을 호소했지만 오히려 불리한 처사를 당했다는 이야기였다. 이를 들은 공은 장덕 의원의 죄상을 가려 공정히 처리한 바 있다.

그 후 이석형 공이 대사헌大司憲에 오르게 되자 의원들이 꼭 지켜야 할

도리를 심사숙고하여 <의원정심醫員正心 규제規制>라는 행동강령을 만들어 왕의 윤허를 받은 후 공포하였다. 훗날 팔도 도례찰사八道都禮擦使가 되어 전국을 순회하며 모든 의원들을 직접 훈시 교화하였다.

<의원정심 규제醫員正心 規制>

1. 醫者不怠研究深思熟考勿爲失數之至

의자는 부지런히 연구하고 심사숙고하여 실수하지 않아야 한다.

2. 醫員夫患者何條件貧富高下莫論無差別待遇診療最先誠實爲主

의원은 조건이나 빈부고하로 환자를 차별하지 말고, 최선을 다해 성실하게 진료 해야 한다.

3. 醫術仁術也慈惠濟衆非商道勿犯蓄財之道

의술은 인술이니 자혜로운 마음으로 모든 백성들에게 베풀어야 하고, 장사를 하거나 축재의 방법으로 사용하지 말아야 한다.

4. 醫道正直診療中病原因愆過秘密保障一切他方不許發說

의도는 정직이다. 진료 중에 일게 된 병의 원인 등 환자의 부끄러운 것을 발설하지 말고 비밀을 지켜야 한다.

5. 醫學者世間之尊敬人恒時以聖心對人不爲驕慢治療聘資不許他方利用

의학자는 교만하지 말고 성스런 마음으로 사람을 대하여 세간의 존경을 받도록 해야 하고, 치료를 빙자하여 다른 것에 이용하지 말아야 한다.

그야말로 한국판 〈히포크라테스 선서〉인 것이다. 알다시피 히포크라테스는 기원전 4세기 때의 그리스 의사로 '의학의 아버지'로 불리고 있다. 본래의 〈히포크라테스 선서〉는 그 시대 의료 상황에 맞추어진 복잡한 것이고, 우리가 현재 알고 있는 선서는 1948년

제네바에서 세계의사협회가 그의 어록을 정리해 만든 강령이다.

이제 의업에 종사할 허락을 받음에
나의 생애를 인류 봉사에 바칠 것을 엄숙히 서약하노라.

- 나의 은사에 대하여 존경과 감사를 드리겠노라.
- 나의 양심과 위엄으로써 의술을 베풀겠노라.
- 나는 환자의 건강과 생명을 첫째로 생각하겠노라.
- 나는 환자가 알려 준 모든 비밀을 지키겠노라.
- 나는 의업의 고귀한 전통과 명예를 유지하겠노라.
- 나는 동업자를 형제처럼 여기겠노라.
- 나는 인종, 종교, 국적, 정당당파, 사회적 지위 여하를 초월하여 오직 환자에 대한 의무를 지키겠노라.
- 나는 인간의 생명을 그 수태된 때로부터 지상 최고의 것으로 소중히 여기겠노라.
- 비록 위협을 당할지라도 나의 지식을 인도에 어긋나게 쓰지 않겠노라.

이상의 서약을 자유의사로 나의 명예를 받들어 하노라.

여기서 두 강령을 비교해 보자. 놀랍게도 거의 비슷하고, '인류 봉사', '양심과 품위', '비밀 엄수', '환자의 지위 불문'과 '의학 지식의 사용' 같은 항목은 동일하다.

사실 나는 의대생 시절부터 〈히포크라테스 선서〉에 불만이 있었다.

'은사에 대한 존경', '의업의 전통'과 '동업자의 형제애' 등과 같이 다소 부수적으로 생각되는 내용이 의업의 본질과 섞여있다. 또한 집단 이기주의를 연상시키는 대목도 있다. 우리 〈의원정심 규제〉에는 이런 류의 내용은 없다. 반면 〈히포크라테스 선서〉에서는 좀 더 적극적인 의료인의 자세를 제시하고 있다. '환자 건강의 최우선'과 '수태부터 생명 존중'이 그것이다. 아마도 의료계가 주관하여 만들었기 때문일 거다.

나는 〈의원정심 규제〉에서 흥미로운 점을 발견했다. 규정을 의자醫者, 의원醫員, 의술醫術, 의도醫道, 의학자醫學者 별로 항목을 구분하여 만든 것이다. 여기서 의술과 의도 편은 의원이 지켜야할 태도와 기술을 설명한 것으로 생각된다. 즉 의사를 의자, 의원, 의학자로 분류하였다. 의자는 하급의 의사이지만 공부와 연구를 게을리 하지 않아 환자 진료 시 실수하지 않아야 한다. 의사라면 반드시 누구나 갖추어야 할 덕목이란 뜻이다. 한 단계 위인 의원은 모든 환자에게 최선을 다해 성실하게 치료해 주어야 한다. 가장 높은 단계인 의학자는 존경받는 사람이어야 한다. 성聖스러운 마음으로 환자를 대하고, 치료를 이익의 방법으로 이용하지 않기 때문이다. 이 분류는 또한 의사가 성숙해지면서 점차 발전해야 할 방향을 제시한 것이라고도 볼 수 있다.

의술과 의도에 관한 표현도 의미심장하다. '의술은 인술이다'와 '의도는 정직이다'이다. 인술이니 근본적으로 베푸는 행위이다. 실질적인 진료행위에서 뿐만 아니라 마음과 태도에서도 다른 사람보다 훌륭하고 능력이 있어야 베풀 수 있다. 따라서 의사는 정신적, 육체적으로 강건하고 남에게 줄 여유가 있어야 한다. '의도는 정직'이라고 했다. 놀랍도록 의학의 정곡을 꿰뚫는 정의이다. 물론 사이비 치료 등으로 환자를 현혹하지 말아야 한다는 의미도 있지만 나는 다른 뜻도 있다고 생각한다. 아직도 미완의 세계에서 헤매고 있는 의학을 발전시키려면 정직이라는 원칙을 지켜야 한다. 우리가 현재의 상황을 가식 없이 있는 그대로 기술해야 미래에 이를 바탕으로 해결할 수가 있다. 그러나 정직이 어디 의학의 길에서만 필요하겠는가? 모든 길에서 사람이 지켜야 할 바를 다시 한 번 강조하는 의미도 함께 있을 것이다.

우연히도 이석형 공의 집터가 서울의대 구내 기숙사 앞에 있었다. 공은 조선 초기의 문신으로 젊을 때 진사, 초시, 중시인 삼장의 과거에 거듭 장원급제를 해 세상을 놀라게 한 수재였다. 집현전 직제학, 춘추관, 관찰사, 한성부윤, 대사헌, 팔도 도례찰사 등을 역임하였고, 〈고려사高麗史〉 편찬에도 참여하였다.

그는 학문 뿐 아니라 글씨와 그림에도 능하고 성품도 온유했다고 한다. 어느 날 〈의원정심 규제〉를 자신의 문집에 소개한 김수온은 그를 위해 특별한 연못을 만들었다. 연못에 물이 과다하게 차면 물마개가 열려 적정 수위를 유지하는 연못이었다. 부족한 것이 없는 공에게 부주의하면 넘치기 쉬운 법이라고 경계하는 의미였다. 공은 연못을 바라보는 소박한 정자를 만들어 계일정戒溢亭이라 하였다. 넘치는 것을 경계하는 계일정신은 공의 생활신조가 되어 명예와 권력, 재물과 복을 얻는데 항상 넘치지 않도록 하였다. 이런 가르침 때문인지 그의 후손에서 8명의 대제학과 9명의 삼정승(영의정, 좌의정, 우의정)이 나와 연안 이씨는 조선 3대 명문가의 하나가 되었다.

마지막으로 김수온과 이석형과의 관계이다. 김수온은 이 공 보다는 나이가 많으나 같이 문과에 급제하여 학문과 벼슬에서 경쟁자이면서도 좋은 친구였던 것 같다. 천재적 능력을 가진 이석형은 학문적 능력과 사상적 깊이로 〈의원정심 규제〉를 만들었고 두 분 사이의 우정으로 김수온의 문집에 실려 오늘날 세상에 알려지게 되었다. 기막힌 인연의 결과이다.

여기서 문득 생각해 본다. 이석형 공의 생가 자리에 훗날 서울의대가 세워져 의학을 연구하고 교육하고 있는 것은 또 어떤 인연 때문인가?

경성의학전문학교 한국인 졸업 앨범

졸업 앨범에 머리말 다음 장에 한반도의 윤곽을 그리고, 그 안쪽 고향위치에 각 졸업생의 이름을 적어 놓았다. 그리고 반투명한 종이 다음 쪽에 무궁화 표시를 넣었다.

서울대학교 의과대학은 1899년에 설립된 관립의학교를 그 기원으로 삼는다.

의학교는 1907년 대한의원 부속 의학교로 변했고, 1910년 조선총독부 부속 의학강습소로 바뀌었다가, 1916년 경성의학전문학교로 승격되었다. 1907년에 개원한 대한의원도 조선총독부의원이 되었다가 경성의학전문학교의 실습병원 역할을 했다. 1926년 경성제국대학 의학부가 생기면서 그 부속의원이 되었고, 경성의학전문학교(경의전)는 소격동에 병원을 짓고 나간다. 해방이 되자 미국군정은 서울에 있는 국립 고등교육 기관을 통합해 서울대학교를 만들고, 이에 따라 제국대학 의학부와 경의전이 합쳐 서울의대가 된다.

경의전 이전에는 학생이 모두 한국인이었으나 의학전문학교가 되자 정원의 1/3을 일본 학생 중에서 뽑았다. 선발인원은 80~100명으로 항상 높은 경쟁률을 보였다. 학교 내에 한국인들의 비중이 많아 민족주의적 색채가 강했으며, 3·1운동 당시 전문학교 중 가장 많은 학생이 운동에 참여하였다.

다음 글은 경성의학전문학교 1924년 한국인 졸업생들이 만든 졸업 앨범의 머리말이다.

제 곡조를 각각 울리건마는 이것을 종합하면 조화된 선율을 이루고, 한 개 한 개의 돌이건만 쌓아놓아 보면 기묘한 탑을 만들 수 있다. 운명의 장난인지 전생의 인연인지 모르나 13도 곳곳에서 생면부지인 마음이 다르고 얼굴이 같지 않은 50여 명의 배우들을 한 무대에 쓸어 넣고 시치미를 뚝 떼고 지구는 태양을 네 번이나 돌았다.

또 다시 네 번째 눈이 녹고 꽃이 피고 얼음이 사라지고 새가 울려고 한다. (이 책에는) 4년 전에 개막되었던 모의극模醫劇의 슬픈 장면, 우스운 구절 등을 갖추고 갖추어 새겨 놓았으니 하모니 있는 선율의 울림 같고, 기교 있게 쌓아 놓은 탑과 같지 않느냐. 모의극의 막은 내리고 다시 머리에는 이론을 갖추고, 손에는 실제 칼을 잡고, 가슴에는 진실한 마음을 가지고 사면팔방으로 각각 제 길을 걸으려 할 때 우리는 슬퍼할까! 기뻐할까!

하룻밤에도 만리성을 쌓는 다거늘, 1,460일을 살과 살이 서로 부딪치고 영혼과 영혼이 서로 호응 하였으니, 한 부모의 뱃속에서 나오지야 않았을망정 그 사이 연결됨이 형제와 무엇이 다르리! 심술 많은 서모에게 때때로 죄 없이 구박을 받고 불쌍한 외로움은 형제들이, 옛 어머니 생각하고 머리를 맞대고 울어본 적이 몇 번이며 등어리 때려서 밖으로 쫓아낼 때 젖 먹던 힘을 모아 반항한 적이 몇 차례냐.

각 사람이 다 외롭고 전체가 또 외로웠으나 그래도 믿고 의지할 데는 우리 형제 서로 뿐, 목이 마를수록 물에 대한 갈망이 더 깊고, 구차할수록

돈에 대한 욕구가 많은 것처럼 우리는 고독할수록 더욱 우리끼리의 애정이 깊어졌을 것이다. 그러나 지금 이 글을 쓴 지금은 언제나 서로 원만하게 만날지 기약하지 못하고 비록 한쪽 육신이나마 떠나게 되었으니, 옛일을 생각하든지 뒷일을 바라보든지 어찌 슬프지 않을쏘냐.

그러나 다시 한 번 돌려 생각하자. 아녀자가 아닌 우리는 감상적인 비애향락悲哀享樂에 발을 멈출 수 없다. 일만 삼천리나 되는 폐허의 땅은 누구의 입김으로 새 문화가 일 터이며, 이천만의 황량한 마음은 누구의 손으로 개척될 터이냐. 우리의 동맥 속에는 선홍색의 피가 뛰놀고, 우리의 동공에는 형형한 광휘가 번쩍이고, 우리의 폐에는 씩씩한 기류가 흐르고 있다. 추수할 곡식이 많을수록 추수하는 사람의 마음이 더 기쁜 것 같이 우리가 건설하고 개척하고 개조할 가을이 풍부하니, 예지와 이로움과 양심을 가진 우리의 가슴이 자못 희열과 용기로 충만하다.

지금 우리가 맛보는 기쁨과 슬픔을 죽는 날까지 이야기 할 자는 기록해 놓은 이 책뿐이다. 생명의 촛불이 닳아갈 때 수염을 휘날리며 턱 밑에 앉은 어린 손자와 함께, 우리의 삼월 봄날을 속살 그대로 그려주는 이 책을 들고 눈시울에 맑은 이슬이 맺혔다가 오목한 뺨에 미소를 지을 그때, 우리의 감회가 어떠할쏘냐.

여러분이 읽어보신 것처럼 생각했던 것보다 훨씬 문학적이고 저항적이다. 당시 한국 사회의 지성인이던 경의전 학생들은 누구보다도 일제강압의 현실을 잘 알고 있어서 민족의식이 강하였다. 총독부 자료에 의하면 3、1만세운동으로 한국인 학생의 20%에 해당하는 31명이 구금되었으며 79명이 퇴학당했다. 1924년 졸업생 중에는 그때 퇴학 맞았다가 복귀한 김동익 같은 학생도 있었다.

여기에 이들이 재학 중인 1921년 5월 구보久保 교수의 망언 사건이 일어난다. 해부학 교수이던 그는 실습실 두개골이 없어진 것을 한국인 학생의 소행으로 단정하고, 해부 구조상 한국인은 야만인이라고 한 것이다. 평소에도 민족차별을 하던 구보 교수였다. 수업을 거부하는 학생들에게 당국은 퇴학과 무기정학을 내리고 학생들은 전원 자퇴를 신청했다.

이 사건은 곧 사회문제가 되었고 총독부의 중재에 따라 징계조치를 취소하고 구보 교수는 학교를 떠났다.

그때 경의전의 교장은 시가 가요시였다.

이질균을 발견한 일본 의학의 대표적인 학자였다. 이질균도 그의 이름을 따서 Shigellosis로 명명하였다. 시가 교장은 지성인으로 학생들에게도 관대하고 한국인에게도 아주 호의적이었다고 한다. 또한 경성제국대학 의학부를 설치하는 법령이 1922년 발효되어 경의전 존재에 대한 위기의식이 교수진과 학생을 뭉치게도 했을 것이다.

이 졸업 앨범에는 머리말 다음 장에 한반도의 윤곽을 그리고, 그 안쪽 고향위치에 각 졸업생의 이름을 적어 놓았다. 자기 고장을 대표해 우리 조국과 민족의 앞날을 개척할 다짐을 했던 것이다. 반투명한 이 종이 다음 쪽에 이름 위에 어떤 표식을 해 놓았다. 자세히 보니 무궁화 표시이다!

혹독한 일제시절에 한반도를 그리고 이름위에 무궁화 표시를 한 것은 누구의 아이디어이었을까? 아마도 이것은 인생을 건 모험이었으리라. 경의전을 졸업해 의사로의 평탄한 길이 보장된 즈음에 조국애, 민족정신을 나타내기 위해 시도한 무모할 정도의 저항의식! 경의전 출신들이 친일파이지 않을까 간주하던 우리에게 진실을 증언하는 귀한 자료이다.

졸업생 중 누가 머리말을 작성했는지 기록은 없다. 동기생에는 서울의대 내과의 김동익 교수, 소아과의 이선근 교수와 전남의대 최상채 총장, 이종륜 학장, 박병래 공군 군의감, 백승진 산업경제신문사장, 김명학 외과의원장, 윤치노 공안과의원장 등이 있다.

수석 졸업생

공자는 인생 세 가지 즐거움 중에서 최고로
學而時習之 不亦說乎(학이시습지 불역열호: 배우고 때때로 익히면 또한 기쁘지 아니한가)를 들었다.

의과대학 동기 중 수석 졸업한 B와 가까이 지냈다. 집이 같은 버스 노선에 있어 도서관에서 공부하다가 함께 귀가하고는 했다. 그는 가능한 모든 시간을 의학 공부에 투자했다. 새벽에 남들 보다 일찍 등교해서 강의실에서 수업 전에 공부를 하고, 방과 후에는 학교 도서관이 문 닫을 때까지 공부하였다. 이런 일과는 주말이나 방학 중에도 계속됐다.

하루는 버스 속에서 아주 졸려 하기에 이유를 물었더니, 그 전날 다른 대학교 친구가 찾아와 시간을 보내서 집에 가서 밤늦게까지 공부했다고!

동기생 중에는 암기력이나 학습 능력이 아주 뛰어난 학생들도 많았지만 워낙 공부시간이 많은 그를 이길 수가 없었다. 점차 학년이 올라가면서 모두 B를 따라갈 수 없는 공부벌레로 인정했다. B의 아버지는 고등학교 선생님이셨다. 세 명의 누나만 있는 그는 다소 여성적인 성격에 원칙적이고 교과서적인 생활을 하고 있었다. 어떻게 보면 이런 환경에서 얻은 성품이 꾸준히 공부를 해야 하는 의과대학생 생활에 잘 맞았다.

또 그는 아주 겸손하고 남에게 친절했다. 새침하게 자기만 생각하는 여느 공부 잘하는 학생과는 달랐다. 자기는 할 줄 아는 것이 공부뿐이라고 항상 말했다. 어려운 학습 내용을 물어 오면 쉽게 설명해 주기도 했다. 잘 정리된 B의 노트를 상습적으로 빌리는 얌체 학생도 있었다. 이런 그의 태도에 나중에는 우리 급우들은 그를 아끼고 자랑하게 되었다.

의과대학을 졸업하면 의사국가고시에 합격해야 의사가 된다. 많은 시험이 그렇지만 시험문제 중에는 실제 상황에서는 중요하지 않으나 시험에만 자주 출제되는 내용도 있다. 그 당시에는 또 과목별 낙제제도가 있어 각 전공과목 문제 중 40% 이상을 못 맞추면 불합격이 되었다. 평소 의사고시를 쉽게 생각했던 우리들은 준비가 안 된 채로 시험을 보아야 했다. 내 경우도 시험 전날은 스트레스가 심해, 하느님에게 '시험에 붙게 해 주시면 좋은 의사가 되겠다'고 약속까지 했었다.

그런 상황에서도 B는 그해 의사국가고시에 월등한 실력으로 전국 수석을 했다. 시험 준비를 많이 해서가 아니라 그야말로 의대 4년간을 형설螢雪의 공으로 쌓은 실력 때문이었다. 의사신문사에서 수석합격자에게 기념패를 준비했으나 그는 졸업 후 바로 미국으로 떠났다. 내가 대신 받아 처음에는 우리 집에 보관하였으나 몇 번을 이사하는 동안 없어져 그에게 전달하지는 못했다.

의과대학생은 계속되는 학습과 시험에 시달린다. 그래서 각자

나름대로 스트레스를 이겨내는 방법이 생긴다. 데이트, 술과 음식, 끽연, 예술과 스포츠 활동 등 다양하다. 그러나 그는 어떤 방법도 사용하지 않은 것 같았다. 물어 본 적은 없으나 공부하는 자체로 만족하지 않았을까? 공자는 인생 세 가지 즐거움 중에서 최고로 學而時習之 不亦說乎(학이시습지 불역열호: 배우고 때때로 익히면 또한 기쁘지 아니한가)를 들었다. 특히 의학은 배우고 익히는 모든 지식이 사람을 살리는 좋은 인연에 쓰이는 도구가 된다. 따라서 더 쉽게 즐겁고 기쁠 것이다.

미국에 사는 정신과 전문의인 큰 누나가 초청하여 그는 졸업 후 바로 도미했다. 도서관에서 같이 공부했던 우리들은 김포공항까지 배웅 나갔다. 그 당시에는 외국여행이 쉽지 않아 나는 11년 후 미국 NIH에 연수 갈 때에야 다시 만날 수 있었다. 공부가 지겨워 보다 실용적인 산과마취학을 전공했다는 그는 현재 UCLA 계열 대학의 교수로 재직하고 있다. 마침 우리 큰 딸이 같은 지역에 살기도 해서 우리는 자주 만났다. 나는 그의 능력이 우리나라 의학 발전에 직접적으로 사용되지 못해 지금도 무척 아쉽다.

그는 정신박약자인 웃누나와 같이 살고 있다. 마음이 착한 그는 아직까지 결혼도 안한 채로 누나를 자기가 맡아 돌보고 있다. 나이 40대, 50대에는 LA에서 나이 든 처녀 사이에 가장 인기 있는 신랑감으로 손꼽혔다. 성실하고 착한 의사인 노총각이었으니! 우리 동기들도 규수 감으로 여러 명을 소개 했으나 성사되지 못했다. 주로 장애인 누나의 거취문제 때문이었다.

1997년에 졸업 20주년을 기념해 동기생이 가족과 함께 제주도로 여행을 했다. B도 졸업 후 처음 귀국을 했다. 서귀포 신라호텔에 가족이 함께 숙박할 때 혼자인 그는 우리 부부와 같이 묵었다. 침대가 있는 큰 온돌방에서 그가 우겨서 우리는 침대에서 자고 그는 온돌에 요를 깔았다. 다음 날 새벽에 나는 급우들과 골프장에 나갔다. 호텔방에 남은 그는 우리 집사람과 같이 있는 것이 쑥스러워 이른 아침에 호텔로비를 서성거렸다고 한다. 이 말을 전해들은 우리는 다음 날에는 옆방의 D와 의논해 두 집 여자와 남자가 각각 다른 방으로 나누어 잠을 잤다.

도서관에서 같이 공부해 역시 친하던 그 D는 다음 해 폐암으로 진단 받았고 급속히 진행하여 타계하였다. 우리 동기 중에서는 처음으로 비교적 젊은 나이에 암으로 세상을 떠 우리 모두 안타까워했다. 벌써 13년 전의 이야기다. 우리 친구들은 올해 졸업 35주년 기념여행으로 하와이에 다녀왔다. 저녁 만찬장에서 이번 여행에는 참여하지 않은 B에 대한 이야기가 나왔다. 사회자가 20주년 여행 때 호텔방 이야기를 소개했다. 모두들 그 때 B의 표정을 상상하며 크게 웃었다. 그러나 곧 D의 생각에 침울해 졌다.

이렇게 운명은 시치미를 뚝 떼고 우리들을 무대 위에 올려놓고, 지구는 태양을 무심히 돌고 있나 보다.*

* 1924년 경성의학전문학교 한국인 졸업생 앨범에서 인용

노벨상과 해파리

시모무라 박사는 젊은이들에게 어느 분야에서 일을 하던 가치 있는 일은 어려움이 반드시 있으며 이를 극복해야 성공할 수 있다고 강조했다.

2008년 노벨 화학상은 미 매사추세츠 주 해양생물학연구소의 일본인 시모무라 오사무(80세, Shimomura Osamu)와 뉴욕 콜롬비아 대학의 마틴 찰피(61세, Martin Chalfie), 캘리포니아 대학 샌디에이고 캠퍼스의 로저 치엔(56세, Rodger Tsien) 3명이 공동 수상했다.

이들은 녹색형광단백(Green fluorescent protein, GFP)을 발견하고 개발한 공로로 선정됐다. 노벨상위원회는 "GFP는 1962년 해파리의 일종인 '에쿼리아 빅토리아(Aequorea Victoria)' 에서 처음 발견됐다" 며 "이후 GFP를 통해 신경세포의 발달이나 암세포의 증식 등 이전에는 관찰할 수 없었던 체내 현상을 영상으로 볼 수 있게 됐다"고 말했다.

시모무라 박사는 해파리에서 처음으로 GFP를 발견하고 구조를 밝혔다. 찰피 박사는 GFP를 특정 단백에 표지하여, 여러 생물학적 현상을 빛을 이용해 영상화 했다. 치엔 박사는 녹색 외에도 빨간색, 노란색, 파란색 등 여러 가지 색깔을 내는 형광단백질을 개발하여 의생물학 분야에서 이용을 확대하였다.

시모무라 박사가 나가사키에서 고등학교를 다닐 때 원자폭탄이 시내에 투하됐다. 변두리에 있어서 죽음은 피했지만, 낙진을 맞아 방사선에 오염된 그는 죽음의 공포 속에서 우울하게 청년기를 지냈다. 하루는 어두운 물속에서 떠다니는 초록색을 띈 해파리를 보고, 매우 아름답다고 생각했다. 그 원인을 밝혀 보려고 해양생물학을 전공하여 평생 70만 마리의 해파리에서 GFP를 분리해, 1960년에 단백질 구조를 밝힌다.

시모무라 박사는 미국에 초청되어 연구를 계속한다. 처음 공동연구하던 A 교수는 연구비가 떨어져, 찰피 교수와 손잡고 유전자를 찾아내고 의생물학에서 응용하기 시작했다. 한편, GFP의 기본구조 중 특정부위의 아미노산 배열이 중요함을 파악한 치엔 박사는 그 구조를 바꾸면서 여러 종류의 형광단백을 생산하게 된다.

GFP는 의생명 연구에 획기적 장을 열었다. 형광단백질로 동물 체내를 간단히 볼 수 있으며 질병과 관계있는 특정 단백질이 언제 어떻게 생성되고 어디로 가는지 등을 쉽게 확인할 수 있다. 또 GFP 유전자를 암세포나 줄기세포에 이입시켜, 종양의 성장과 치료 효과, 체내에서 줄기세포의 분포와 증식 등을 쉽게 영상화하고 평가할 수 있다.

여기서 이 분들이 노벨상을 수상하게 만든 원동력을 살펴보자. 시모무라 박사는 해파리 형광물질을 찾기 위해 열정을 가지고 평생을 꾸준히 연구했다. 그의 말처럼, 이 물질의 유용성에 대해서

아무런 아이디어도 없이. 찰피 교수는 시모무라 박사가 1960년에 발견한 물질의 가치를 알고, 협동연구를 진행했다. 남과 잘 협조하는 인간관계를 바탕으로. 치엔 교수는 진리의 핵심을 꿰뚫는 통찰력과 비전을 가지고 새로운 응용 물질을 다량 만드는데 성공한다. 이처럼 각 연구자가 가진 열정, 비전을 합친 협동연구가 빛을 발한 것이다.

특히 시모무라 박사는 젊은이들에게 노력을 강조했다. 어느 분야에서 일을 하든 가치 있는 일은 어려움이 반드시 있으며 이를 극복해야 성공할 수 있다고 강조한다. 일본 특유의 장인 정신으로 한 분야 연구에 몰두하는 것. 이것이 일본이 18명의 노벨 수상자를 배출한 근본적 이유이다.

요즘, 우리나라가 노벨 과학상을 타야 한다고 대책을 세우고 있다. 그러나 노벨상이 핸드볼이나 펜싱 경기 같이 정예부대를 만들어 노력한다고 수상할 수 있는 것이 아니다. 어떤 새로운 발견이나 발명이 인류에 유용하게 쓰일 때 비로소 상을 탈 수 있게 된다. 시모무라 박사의 예처럼, 연구 당시에는 이용성을 알 수가 없고, 후에 다른 학자가 이를 응용 확대시키는 것이다. 따라서 우리나라가 노벨상을 배출하기 위해서는 여러 기초과학 분야에서 과학자들이 정부의 간섭 없이 스스로 연구할 수 있는 환경을 만들어 주어야 한다. 학제간 협동연구를 장려하면서.

이혼하는 일본 대학교수

일본교수는 학문적 왕국을 건설한다.
조심한다고 해서 용기가 없는 건 아니다. 천천히 생각하고 단호하게 행동하라.

흔히 일본을 가깝고도 먼 나라라고 한다. 그러나 이제는 더 이상 먼 나라가 아니다. 서울 길거리나 지하철에서 일본사람은 흔하게 보이고, 지하철 안내 방송에도 일본어가 나온다. 매년 우리나라를 방문하는 일본인이 250~300만 명이고, 비슷한 숫자의 우리나라 사람이 일본을 다녀온다. 일본 내 22개 도시가 인천 영종도 공항과 직항 비행기로 연결되어 있다.

내 경우, 40번 이상 일본을 방문했다. 이렇게 일본을 많이 다닌 이유는 대부분 학회 참석이나 연구 협력 때문이었다. 일본과 일본인에 관해서는 너무나 많은 정보와 자료가 있고, 또 이제는 일반인도 친숙해졌다. 필자는 핵의학을 중심으로 내가 본 일본 대학과 학회의 모습을 소개하겠다.

일본대학의 인적 구조는 우리와 많이 다르다. 해방 후 우리는 미국의 교육체제를 가져왔고, 일본은 명치유신 이후 독일의 교육제도를 모방했기 때문이다. 1806년 프랑스 나폴레옹 군대에 괴멸된 독일 프로이센은 패전 후 지도자들이 앞장서 교육개혁 등 일련의

개혁에 착수했다. 철학자 피히테는 '독일국민에게 고告함' 연설로 젊은이에게 조국애를 일깨웠다. 이런 분위기에서 교수에게 많은 권한을 주어 교육을 강화하는 대학제도가 확립되었다. 이 제도가 그대로 일본에 전해져 일본대학의 교수도 권한이 많고, 특히 폐쇄적 사회인 의학 분야에서는 더욱 힘 있게 되었다.

일본대학에서는 한 강좌(교실)에 한 분의 교수만 있다. 내과나 외과처럼 규모가 큰 학문은 제 1내과, 제 2내과 식으로 여러 강좌로 나눈다. 한 강좌를 맡은 교수 밑에 약간 명의 부교수, 조교수, 강사가 있다. 인적 구성은 온전히 교수의 몫으로, 교수가 바뀌면 자동적으로 모두 바뀐다. 교수는 이외에도 강좌내의 모든 인사권, 재정권 등을 가지고 있어 그야말로 자기 왕국을 건설한다.

따라서 교수 자리도 적고, 교수가 되기도 힘들다. 기존 교수가 정년퇴임할 때가 되면 대학 내에 차기 교수 선정위원회가 구성된다. 전국과 일본 밖에서도 신청을 받아 6개월 이상 검토해 뽑는다. 학문적 성과가 가장 중요하나, 여러 면을 고려해서 결정한다. 물론 일본 소설 〈하얀 거탑〉같이 배경과 로비가 일부분 작용하는 경우도 있겠지.

일본대학의 부교수, 조교수, 강사들은 열심히 공부하고 연구해야만 한다. 우선 교수가 인정해줘야 학교에 남아 있고, 나중에 교수가 되려면 좋은 연구 결과물을 가져야 한다. 대개 학교 옆에 살면서, 일과 후 저녁식사는 집에 가서 하고 다시 학교에서 밤늦게까지 연구한다.

그 어려운 교수가 되어서도 문제가 있다. 한 강좌에 한 명의 교수만 있으니, 전 일본에 그 자리가 상대적으로 적다. 뛰어난 업적이 있어도, 큰 도시는 힘들고, 대개는 지방도시에 있는 대학에 자리 잡는다. 자식 학업 때문에 가족은 대도시에 살고 기러기 아빠가 되어 정년퇴임까지. 혼자 대학 근처에 사는 일이 비일비재하다.

이러면서 적지 않은 교수가 부부사이에 문제가 생긴다. 학문에 뜻을 두면, 젊은 시기에는 업적을 쌓으려고 가정을 등한시하고, 교수가 되면 기러기 아빠가 되어 떨어져 산다. 따라서 부부가 함께 있는 시간이 적다. 여기에 경제적으로도 어려워 의과대학의 경우 아르바이트로 다른 병원 일도 하여야 한다. 일본 교수의 이혼율은 아마 일반인보다 훨씬 높을 것이다. 나와 친한 교수도 3명이나 이혼했다.

핵의학의 경우 사정은 더 어렵다. 일본에서는 제도를 바꾸기가 아주 힘들다. 많은 의과대학에서 지금도 진단방사선학, 치료방사선학과 핵의학이 방사선학이란 이름하에 하나의 강좌로 되어있다. 다른 선진국에서는 오래 전에 분리했는데. 각 분야를 담당하는 부교수가 따로 있지만, 아무래도 교수의 세부전공 분야에 집중하게 된다. 과거에는 핵의학 분야의 연구가 활발해 방사선학 강좌에 핵의학 전공 교수가 많았다. 그러나 최근 줄어들고 있다.

이 문제를 해결하려고 노력하고 있다. 물론 핵의학 강좌를 따로 만드는 것이 제일 좋다. 핵의학이란 이름 대신 분자의학, 추적자 동태학 등 새로운 명칭의 강좌도 만들고, 의과학과 대학이나 대학원,

대학 연구소에 비슷한 전공 분야를 만들고 있다.

일본은 나라에서 공인하는 전문의 제도가 없다. 우리나라 같이 일정한 전공의 기간을 거쳐 전문가가 되는 것이 아니다. 대학 졸업 후 1년 인턴을 거쳐, 전문가가 되려면 강좌의 대학원생이 되어 연구와 진료를 배운다. 박사학위 취득까지 연구와 교육 기간이 서로 다르다. 대학원생이 학위를 따면 그 분야의 전문가로 인정받는다. 최근에 와서 진료의 질을 관리하기 위해 학회 주관으로 인정의 자격을 주고 있다.

알다시피, 일본인은 열심히 일한다. 또 보수적이어서 웬만하면 과거의 틀을 유지한다. 예로, 우리가 일본 식민지 시대에 썼던 교복, 책가방 등을 지금도 일본에서는 모양 그대로 사용하고 있다. 연구도 마찬가지이다. 한 가지 연구 주제를 정하면 수십 년이 지나도 바꾸지 않는다. 우리는 연구 유행에 따라 바꾸는데. 하지만 장단점이 있다. 한 우물을 파 깊이 있는 연구는 하나, 때로는 시대 흐름에서 벗어 날 수도 있다. 아마 일본에서 과학 분야 노벨상이 많은 것도 이와 관련되는지 모르겠다.

이제는 미국에서 일본인 펠로우는 거의 찾을 수 없다. 일본 국내에서 충분히 연구할 수 있는 여건을 갖추었기 때문이다. 내가 미국 NIH에 있던 1988년, 일본 친구가 연구 시설과 환경이 미국과 일본 간에 이미 차이가 없다고 했다. 국내에만 있으면, 젊어서부터 꾸준히 한 방향으로 연구를 유지하는 데는 좋다. 그러나 외국연수가 큰 그림으로 연구 분야 전체를 보는 기회가 될 수도 있다.

다음은 일본 학술대회에 관하여 이야기 하겠다. 우선 일본은 큰 나라다. 인구도 많지만 특히 학문적 활동이 왕성하다. 핵의학 관련 모임이 일 년에 150개 정도 있다고 다이치 회사 임원이 나에게 이야기한 적이 있다. 전국적인 학술대회도 있지만, 지역별 모임, 세부분야별 모임, 학교별 모임 등이 하루걸러 어디선가 열리고 있다. 대부분 철저하게 기록을 남기면서. 교수가 꼭 얼굴을 내밀어야 하는 학술모임이 적지 않다. 바쁜 때는 간친회만 참석하고 학술발표는 거르는 경우도 적지 않다.

전국적인 학술대회는 더욱 성황이다. 일본핵의학회는 2,000~2,500명, 일본방사선학회는 20,000~30,000명이 참가한다. 대충 우리의 10배 수준이다. 학술 프로그램은 몇 개의 방에서 동시에 진행하고 점심, 저녁 식사 시간에도 회사 또는 연구회에서 진행하는 프로그램이 항상 있다. 경제적 여유가 있으니, 외국연자도 많이 초청한다. 정말 모두 열심히 공부해, 이미 정년퇴임한 원로 선생님들이 초록집을 찾아보며 발표를 경청한다. 부러운 장면이다.

한 가지 특이한 장면이 있다. 일본인은 검은 양복, 흰 와이셔츠에 검은 넥타이를 매고 학회에 참석한다. 여자도 흰 셔츠에 검정 옷이다. 생각해 보시라. 수천, 수만 명이 흰색 셔츠에 검은 타이와 양복을 입고 모여 있는 모습을. 나에게는 장례식 같은 느낌을 준다.

나를 만나서 하는 영어 인사도 모두 꼭 같다. Nice to meet you again. 영어 교과서에 그렇게 쓰여 있나?

내가 일본대학과 학회의 흉을 보려는 것이 아니다. 우리가 융(Jung)이 말하는 상대방 그림자를 서로 들추지 말고, 밝은 몸체를 보자는 것이다. 결국은 우리에게 도움이 되니까. 일본의 장점은 특유의 장인정신을 학문에도 발휘해, 한 분야나 과제를 열심히 평생동안 연구하는 것이다. 우리나라 일부 학자처럼 학문에서도 유행을 좇다가 변변한 업적을 못 낼 수도 있다. 또 다른 일본의 장점은 타인과의 조화를 잘 이룬다는 점이다. 다학제간 협동연구가 점점 더 필요해지는 세태에 적절한 미덕이다.

작년 말, 일본 방사선의학 총합연구소에서 일본 교수의 흥미로운 강의를 들었다. 일반 국민에게 "위험성(risk)이 어느 정도 있지만 이득(benefit)이 많으면, 그 일을 시작하겠는가?"라고 질문해 보니, 한국, 미국, 일본 순으로 "하겠다"는 대답이 많았다. 한국인은 약 40%가 긍정적으로 대답했다고.

그 교수는 한국인은 진취적이고 일본인은 너무 소극적이라고 말했다. 그러나 무모하게 긍정적, 진취적이면 안 된다고 나는 생각한다. 일본 사람의 장점인 꼼꼼한 분석과 준비를 배워야 한다. 배움과 연구에서 '빨리 빨리' 원칙은 금물이다.

남아프리카의 살아있는 성자인 넬슨 만델라의 말이다.

“내 일생 중 대부분의 실수는 너무 급하게 행동해서 생겼다. 조심한다고 해서 용기가 없는 건 아니다. 천천히 생각하고 단호하게 행동하라.”

“인생은 먼 여정이다. 서두르지 마라.”

미국 암센터의 그루지야 왕자

이런 저런 이야기를 하다 보니 11시 반이 되어서 서둘러 호텔로 돌아왔다.
유리의 따뜻한 인간적인 면을 본 하루였다.

나는 2006년 12월에 MD 앤더슨 암센터의 유리 겔로바니 교수 초청으로, 미국 텍사스주 휴스톤에 있는 텍사스 메디칼 센터를 방문했다. 유리는 분자유전자 영상법의 세계적인 대가로 나와 친분이 있어, 우리나라 분자영상학회에서도 여러 번 특강을 한 적이 있다.

텍사스 메디칼 센터는 MD 앤더슨 암센터, 심장센터, 메토디스트(Methodist) 병원, 소아병원, 배일러대학병원, 성 루크 병원, VA 병원 등 14병원과 9개의 보건의료 관련 대학이 모여 있는 거대한 의료단지이다. 근무하는 의사만 5,000명, 총 직원이 93,500명으로 세계를 상대로 하는 의료서비스 산업이다. 매년 육백만 명이 진료받고 이중 18,000명이 외국인 환자란다. 중동 왕족 등 세계 각국의 부자 환자가 몰려와, 진료도 받지만 쇼핑을 하고 여행도 하여 지역 경제에 큰 기여를 하고 있다. 연간 약 140억 불의 경제적 효과가 있단다. 의료비도 비싸서 보통 수천 만원에서 수억 원의 경비가 든다고. 그럼에도 불구하고 한국에서 온 환자도 많다. 우리가 의료서비스 산업과 시장을 자율화하고 개방하면 해결할 수 있는 환자가 이곳으로 오는 것이다.

나는 13년 만에 다시 방문했는데, 그동안 메디칼 센터는 엄청난 발전을 하고 있었다. 전에는 이곳을 관통하는 홀컴 아베뉴(Holcombe avenue) 주위로 작은 상점들이 줄지어 있던 것이, 모두 없어지고 여기저기 대형 병원 건물로 가득 차있고 신축중인 건물도 있었다. 병원 반대쪽으로는 환자와 가족을 위한 각종 브랜드의 대형 호텔이 나란히 자리를 잡고 있다.

MD 앤더슨 암센터도 몰라보게 변화하였다. 외래센터, 연구동, 교수연구동이 새로 생기고, 건물들을 3층 높이의 사각통 모양의 스카이 길(sky road)로 연결시켰다. 이는 넓이가 2차선 자동차 도로 정도로, 이 안에 환자 이동을 위하여 골프차 같은 셔틀버스를 운영하고 있었다.

이러한 재원이 다 어디서 나오는 것일까? 부자들이 헌금을 많이 하고, 병원 자체의 수익금도 엄청나다고 한다. 전 대통령인 조지 부시도 3살 때 암으로 죽은 딸의 이름으로 거액을 기부하여 현재는 이 병원의 이사장을 맡고 있다. 재임 시 부정한 방법으로 모은 돈을 감추어 두고 자기만을 위하여 쓰고 있는 우리나라 대통령들과 비교가 된다. 두 나라 사회의 수준을 보여주는 예이다.

연수 와 있는 전북대학의 임석태 선생이 유리 겔로바니 방으로 안내했다. 소련 그루지야 출신으로 뉴욕의 스론 케터링 기념

(Memorial Sloan Kettering) 암센터에 있던 유리가 3년 반 전에 실험영상학과(Department of Experimental Imaging)의 과장으로 이곳에 왔다. 유리는 5층 건물을 신축하여 Center for Advanced Biomolecular Imaging Research(CABIR)를 만들 예정이다. 2010년까지 총 1억불(1,100억 원)이 투자되는 이 센터는 언뜻 보기에는 무모할 정도이다. 유리는 여기에 애착을 가지고 집중하고 있으며, 주정부와 병원 뿐 아니라 GE, 지멘스, 멀크 등 국제기업에서 거의 재원을 확보한 것 같았다. 학문 뿐 만 아니라 정치적인 능력도 대단하다. 내년부터 세워질 건물 예정지를 구경시켜 주어 나도 흥분되어 기념으로 사진을 찍어 두었다.

이곳에 와서 그동안 유리가 한 일이 연구팀을 구축하는 것이었다. 화학팀은 아주 훌륭하게 만들었고, 유전자 치료를 하던 빅톨을 초빙하여 분자생물학팀도 만들었다. 그 외 기기팀, 방사약학팀이 있고, 연구원 20명 정도를 직접 지도하고 있었다. 경쟁자인 스탠포드 대학의 갬비어 교수와는 다르게 실제 임상에서 이용할 수 있는 분자영상에 주력하여 암을 선택적으로 찾아낼 수 있는 화합물을 컴퓨터로 미리 모델링하여 탐색하고 있다.

이를 바탕으로 몇 가지 화합물을 합성하였고 검사하여 선택물질을 줄이면서 동위원소 표지 후 실험관, 동물, 사람 연구를 진행한다. 이제 시작 단계이지만, 연구자금이 풍부하여 각종 연구 장비를 다 갖추고 있어 부러웠다. 특히 화학팀은 따로 건물을 빌려 넓은 공간을 사용하고 있었고 장비도 훌륭하였다. 다른 연구진이 따라오기

힘든 장점이다.

다음 날 아침, 방사약학팀의 대비드 양, 화학과 광학을 연구하는 천 리, 분자생물학팀 빅톨을 차례로 만나 연구내용을 들었다. 이제는 미국 연구소 어디를 가도 중국 사람을 많이 만나게 된다. 이들은 살아남기 위하여 일도 매우 열심히 하고 머리도 뛰어난 사람이 많아, 조금 지나면 리더 중에도 중국인이 많아질 것은 자명하다. 인도인도 비슷한 사정이다. 미국에서는 이미 화학, 물리 등 자연과학 분야에는 백인은 볼 수 없고 중국사람, 인도사람이 주를 이루고 있다.

오후에 연구모임 시간에 우리가 한 NIS(sodium/iodide symporter) 연구 결과를 강의하였다. 강의는 모두 관심 있게 들었는데 워낙 유리가 앞장서서 논평하고 질문하는 바람에 다른 연구원들은 조용했다. 각자 연구결과를 발표하면서 유리의 채근을 듣는 연구모임 대신에, 내 강의만 듣게 되어서 다행으로 생각하는 눈치였다.

저녁에 유리의 부인인 이리나(Irina)가 나와 임 선생 가족을 집으로 초대했다. 유리가 빨간색의 페라리(Ferrari)를 운전하고 호텔로 나를 태우러 왔다. 페라리는 본래 이태리에서 만든 경주용차로 12기통에 420마력, 최고시속 320km인 스포츠카이다. 유리는 이 차를 운전할 때 진정으로 사는 맛을 느낀다고. 페라리 동호회가 있어 별도도 지정한 도로에서 속력을 즐긴다고 한다. 이 집 아들은

성인이 되면 모두 스포츠카를 구입하여 현재 4대가 있단다.

휴스톤 시내 남쪽에 있는 신흥 주택가에 자리 잡은 1에이커가 되는 큰 집이었다. 불과 5개월 전에 이사를 하여, 넓은 집안은 이제 정리를 하고 있는 중이었다. 러시아식 특히 유리 고향인 그루지야식 훈제 돼지구이를 식탁 가운데에 놓아 잘라 먹고, 각종 러시아식 고기 절편, 소시지 절편, 감자, 채소, 빵이 있었다. 그루지야에서 먹는다는 김치 같은 야채, 젓갈 같은 물고기 무침도 마련하였다. 유리는 한국에 왔을 때, 고향인 그루지야 공화국과 한국의 음식 사이에 공통점을 발견했단다. 그 쪽에도 도가니탕이 있다고. 아마 몽고에서 영향을 받았을 것이라고 한다.

우리나라 주부는 손님을 초대하여 한 상을 가득 채워 놓고 항상 '차린 것이 없다' 라고 말한다고 내가 이야기하니, 러시아도 같은 말을 한다고 웃었다. 음식도 입에 맞고, 유리 부부가 진심으로 성심껏 대접하여서 모두 즐겁게 배불리 먹었다. 포도주, 보드카, 중국차도 많이 마셨다. 아들도 차례로 귀가하였는데 모두 부모와 가깝고 평소 대화도 잘 되는 것 같았다. 이곳에서 태어난 10세 된 막내아들까지 모두 러시아 말을 집에서 한다고. 교육에 신경을 많이 쓰고, 또 러시아에서 이민 오면서 가족 간의 유대가 깊어진 것 같다.

유리가 술을 먹으면서 그루지야 자기 겔로바니집안에 관한 이야기를 많이 하였다. 소련에 흡수당하기 전에 그루지야를 지배하던 왕족이었다. 곰, 말을 탄 기사, 저울과 칼이 만든 십자가, 초승달이 뜬 산이 있는 겔로바니 집안의 문장을 보여 주었다. 곰은 원래 6천년 전의 집안 선조이고, 기독교를 받아들여 기사가 되고, 군대를 가지고 법관 역할을 하여 칼과 저울 문양을 새기고, 정책적으로 산 너머에 있는 이슬람교도와 혼인을 맺어 초승달이 있다는 설명이다.

자기 집안과 스탈린과의 관계도 이야기했다. 오래전부터 스탈린 부모는 겔로바니 집안의 하인이었다고 한다. 스탈린을 낳았는데 겔로바니 가계를 닮아서 모두 의외로 생각하였다고(혹시 피가 섞였나?). 어려서 스탈린은 아버지에게 미움을 받아 귀가 뭉개지도록 매를 맞기도 하였다. 하여튼 스탈린이 우여곡절 끝에 정권을 잡고 독재자가 되어 무자비한 숙청을 하였을 때 자기와 용모가 비슷한 유리 할아버지는 살려두었다.

그 후 유리 할아버지는 배우가 되어 무대에 자주 등장하였고, 스탈린과 닮았다고 하여 영화 속에서 스탈린 배역을 곧잘 맡았다고 한다. 스탈린은 후기에 뇌출혈이 생기고(소련 비밀경찰 KGB가 독약으로 뇌출혈을 유도하였다고 한다), 대역으로 할아버지를 대중 앞에 등장시키곤 했다. 그 증거로 스탈린의 어떤 사진에는 그의 특유한 기형의 귀가 아닌 정상 귀를 가진 스탈린이 보인다고.

문제는 스탈린이 사망한 후 발생했다. 더 이상 필요성이 없어진 유리 할아버지를 KGB가 독살하고, 그 가족들은 성을 쭈바에프(Tjuvajev)로 바꾸고 모스코바에서 그루지야와 에스토니아로

도피하였다. 불안한 유리의 어머니는 세 살 된 유리에게 영어를 가르치면서 외국으로 탈출을 준비하였다. 그 후 세월이 흐르고 에스토니아에서 신경외과 의사가 된 유리는 미국에 오게 되고 영어도 잘하면서 학문적인 능력을 발휘하여 뉴욕에서 자리를 잡고 가족들을 미국으로 불러 왔다고 한다.

소설 같은 이야기지만 그의 진지한 태도와 몇 가지 증거가 있으니 믿을 수밖에. 현재 유리와 이리나는 지역사회에서 그루지야 왕자와 왕자비로 불리고 있다. 이런 저런 이야기를 하다 보니 11시 반이 되어서 서둘러 호텔로 돌아왔다. 유리의 따뜻한 인간적인 면을 본 하루였다.

잘 생긴 한국인의 얼굴은?

생물학적으로 가장 환경에 잘 적응한 성상이 우성 유전자가 되고,
이런 우성형질은 모두가 바라는 아름다운 것이 된다.

요즘처럼 외모 특히 얼굴용모가 중요하게 여겨진 시대가 있었을까? 수많은 미용실과 피부 관리실이 성업 중이고, 도심지 번화가의 건물 벽은 성형외과와 피부과 간판으로 가득 차있다. 2010년도 국내 화장품시장의 규모는 약 13조 원으로 우리 정부 일 년 예산의 1/25이었다. 많은 젊은이가 아름다운 얼굴의 연예인을 동경하고 신문이나 방송은 한류韓流에 편승해 미모의 가치를 실제 이상으로 증폭시키고 있다.

미모의 참된 기준은 무엇일까? 구체적으로 아름답고 잘 생긴 얼굴은 어떤 것인가? 내 개인적 의견을 사회생물학적 관점에서 기술해보겠다.

나는 민족의 얼굴에는 그들이 지내온 자연환경과 역사가 숨어 있다고 생각한다. 주변 환경에 적응하기 위해서 몸과 얼굴이 변했고 가장 잘 적응한 신체의 성상性狀이 우성優性이 되어 이런 형태로 몸이 점차 변하게 되는 것이다. 아직도 생물학적으로는 유전자의 무작위변이(random mutation)에 의해 진화한다고 주장하고 있으나,

많은 학자들이 환경에 적응하기 위해서 단백질에서 유전자를 조절하는 기능이 있다고 믿고 있다. 이런 기전에 의해 우리 얼굴도 진화하는 것이다.

생체에서 DNA는 핵과 미토콘드리아에 있다. 민족의 기원은 세포질에 있는 미토콘드리아의 DNA를 분석해 찾을 수 있다. 인간이 정자와 난자에서 수정될 때, 난자 세포에 정자의 핵 성분만 들어가 난자 핵과 융합되고, 난자의 세포질이 그대로 다음 세대의 세포질이 된다. 즉 미토콘드리아의 DNA는 변하지 않고 모계로 유전되는 것이다. 이 DNA의 동질성 정도를 분석하면 다른 종족 간의 유사성을 가늠할 수 있다.

학자들은 미토콘드리아 연구에서 우리 조상이 시베리아 바이칼호에서 왔다고 밝혀냈다. 일부는 서쪽으로 산맥을 넘어 헝가리, 핀란드 족이 되었지만 대부분은 동쪽으로 방향을 잡아 시베리아, 고비 사막과 만주를 거쳐 한반도로 들어왔다. 또다시 일부는 바다 건너 일본으로 갔다. 이들을 북방계라 하고 우리 민족의 주축이다.

북방계는 수 만년에 걸쳐서 한반도로 이동해 왔다. 우리 조상이 통과한 시베리아, 고비사막, 만주는 겨울이 길고 매섭게 추운 지역이었다. 추위에 적응하고 이겨내면서 한국인 특유의 얼굴이 점차 형성되었다. 우선 머리를 찬 공기로 부터 보호하기 위해, 햇볕 에너지를 흡수하는 검은 머리털이 많아지고 이마가 좁아졌다. 이마에서 흐르는 땀을 막기 위한 눈썹은 크게 쓸모가 없으니 가늘고

흐려졌다. 추위로 부터 눈과 렌즈를 보호하려고 눈은 작으면서 가늘어 지고 눈두덩은 지방이 차면서 두툼해져 쌍꺼풀이 없어졌다. 코는 다소 낮아지고 폐로 들어가는 찬 공기를 데우기 위해 길어졌다. 모세혈관이 많은 입술은 열을 덜 뺏기기 위해 점차 얇아졌다(반대로 아프리카 토인은 입술이 넓고 까져있다).

우리 얼굴은 특징적으로 하관下觀이 발달돼 있다. 즉 코밑부터 턱까지가 큰 것이다. 음식과 관련 있으리라 생각된다. 추운 지방에서 겨울에 주로 먹는 음식이 언 동물 고기이고, 야채는 상대적으로 귀했다. 딱딱한 편육을 씹기 위해 치아는 길고 커지고 광대뼈는 두꺼워지면서 돌출하고 턱은 단단한 사각형이 되었다.

생물학적으로 가장 환경에 잘 적응한 성상이 우성 유전자가 되고, 이런 우성형질은 모두가 바라는 아름다운 것이 된다. 예를 들면 더운 아프리카에서는 입술이 두꺼운 여자가 미인이다. 옛날 우리나라에서는 앞서 말한 용모를 가진 사람이 미인이었다. 고려 불화나 조선 시대의 미인도를 보면 모두 하관이 발달해 보름달 같은 얼굴에 길고 좁은 눈을 가지고 있었다. 입술은 조그만 앵두같이 도톰하고. 1950~60년대의 인기배우 최은희가 전형적인 북방계 미인이었다. 나도 대학생 때 가느다란 눈을 가진 여학생에 마음이 끌려 쫓아 다닌 적이 있고, 지금도 김연아나 가수 비는 이런 매력을 가지고 있다.

이 북방계 얼굴이 지금 빠르게 변하고 있다. 우리가 사는 환경이

달라지고 있기 때문이다. 전반적으로 기온이 높아지고 겨울에도 춥지 않게 지내면서 이마는 넓어지고, 눈썹은 두터워지고, 눈동자는 커지면서 눈두덩이는 가라앉고 쌍꺼풀이 생겼다. 코는 점차 높아지고 입술도 두꺼워졌다. 음식으로 어리고 무른 채소나 햄버거 같은 연한 고기를 많이 먹어 치아의 씹는 힘이 1/3로 줄어들면서 광대뼈는 들어가고 턱은 계란형이나 삼각형이 되어 가고 있다. 이런 변화는 우리 생각보다 급격하게 진행되어 1970년대 출생 신세대 한국인의 턱은 지난 5년간 용적이 15%나 줄었다고 한다.

쉽게 말하면 요즘 젊은이들이 원하는 얼굴 형태로 변해 가고 있는 것이다. 처음에는 유전자 자체의 변이 없이 환경 변화로 이런 현상이 나타난다. 사람이 태어나 자라면서 주위에 적응하기 위해 관련 유전자의 활성이 조절되는 것이다. 예를 들어, 태어났을 때는 눈두덩에 지방이 축적되어 마치 개구리눈과 비슷한 아이들이 따뜻하게 자라면서 점차 두툼한 눈두덩이 없어지고 눈이 커진다. 이 현상이 반복되면 아예 유전자 수준에서 변화가 생길 것이다.

앞서 말한 북방계는 한국인의 70~80%를 차지한다. 나머지로 중국계와 남방계가 있다. 중국계는 주로 산둥 반도에서 넘어와 우리나라 서해안 지방에 많이 살고 있다. 눈썹이 진하고 미간이 좁으며 눈이 크고 쌍꺼풀이 있다. 또한 코가 짧고 콧방울이 크다. 한마디로 둥그런 쌍꺼풀 얼굴에 이목구비가 오밀조밀하다. 배우 최수종이 이런 타입이다. 남방계는 아시아 폴리네시안 계로 검은 피부에 키가 작고 입술이 두꺼우며 수염이 많다. 짧은 코에 콧등은 가라앉고 콧방울이 넓다. 제주도 현지 주민에서 흔히 볼 수 있는 타입이다.

물론 수천 년을 한반도에서 같이 살면서 서로 섞이게 되었다. 처갓집은 멀수록 좋다는 우리나라 속담도 있다. 유전자가 아주 다른 사람을 배우자로 선호하는 의미이다. 반도의 지정학적 특성상 외국과 왕래가 빈번해 귀화해 정착한 타국 사람도 적지 않았고, 수백 번의 외침外侵을 겪으면서 부득이 피가 섞이게 되었다. 어느 연구에 의하면 일본인에 비해 한국 사람의 유전자가 훨씬 이질적이라고 한다. 나는 유전자가 섞일 때 우수 형질이 나타나는 잡종강세雜種强勢현상으로 한국인이 일본인 보다 객관적으로 더 미녀와 미남이 되었다고 생각한다.

그러면 무엇이 아름다운 얼굴일까? 사회생물학적으로 아름다움이란 이성異性을 포함한 타인의 관심을 끄는 섹시한 신체의 형태이다. 가장 환경에 잘 적응한 얼굴 모습을 가지면 살기가 쉽고, 이런 형질이 다른 사람에게 매력이 되어 아름답다고 여겨지게 된다. 그러나 지금 우리나라에서는 미인의 기준이 주로 서양식으로 되어 있다. 이는 우리나라 자연 환경에 적응하면서 생긴 얼굴 모습과 다른 기준이다. 많은 사람들이 자기 얼굴에 불만을 갖게 된 상황이 만들어진 것이다.

나에게는 새로운 생활환경에 적응하여 진화한 우리 젊은이들의 평균적인 보통 얼굴이 가장 아름답다. 그러나 똑같은 모습은 아니다.

각자가 가진 본래의 유전자에 따라 다양하게 환경 변화에 적응한 형질이 모두 예쁘고 기특하다. 지하철로 출퇴근하는 나는 매일 수많은 미남미녀를 만나고 관상하고 있다. 까무잡잡한 피부에 쌍꺼풀이 없는 큰 눈도 좋고, 하얀 큰 얼굴에 콧날이 오뚝해진 얼굴도 좋고, 약간 두꺼워진 입술에 가파르지만 아름다운 곡선의 턱을 가진 얼굴도 좋다. 나이가 들어 환경 적응이 안 되어 옛날식 얼굴을 가진 내가 부러워하면서 누릴 수 있는 즐거움 중의 하나이다.

이렇게 아름다운 젊은이들에게 이질적인 서양미를 강조하는 성형수술이 웬 말인가?

요즘 배우들에게 코 성형이 유행인 모양이다. 수술하여 콧등이 직선인 큰 코는 아직 우리 환경에 맞지 않아, 몸에 비해 커다란 연미복을 걸친 모습과 같다. 정말 어리석고 개성 없는 짓이다.

결혼 부부의 사회생물학

어떤 사람의 행동이 비상식적이고 이해가 안 되는 경우
단순히 생물학적인 행동으로 치환하면 이해되는 경우가 많았다.

나는 40여 년간 의학을 배우고 가르치면서 사람이 다른 동물과 생물학적으로 동일하다는 사실을 실감하고 있다. 어떤 사람의 행동이 비상식적이고 이해가 안 되는 경우 단순히 생물학적인 행동으로 치환하면 이해되는 경우가 많았다. 이렇게 인간의 사회적 행동을 생물학적 지식으로 설명하는 연구 분야가 사회생물학이다.

나에게 조금은 벅찬 과제이지만 결혼을 사회생물학적 관점에서 조명하여 보겠다. 먼저 이 글은 순전히 개인적인 상상과 일부 학문적 가설로 이루어진 것임을 밝힌다. 사람의 행동을 동물이란 관점에서 생각하는 것이므로 다소 인간 모독의 내용도 나올 수 있어 양해를 구한다.

모든 생명체의 가장 중요한 본능은 우수한 자손을 얻는 것이라고 했다. 우리 인간도 마찬가지이다. 남녀가 연애할 때 서로 끌리는 상대방의 형질形質이 이 가설을 뒷받침한다.

남자의 경우 여성의 미모, 풍만한 젖가슴, 큰 엉덩이 등에 끌린다.

얼굴에 대해서는 나중에 이야기하고, 나머지는 우수한 자손 번식과 관계되어 있다. 엉덩이 즉 골반이 크면 쉽게 출산을 하고, 산모나 아기의 사망, 아기의 대뇌마비로 생기는 정신박약증 같은 출산 합병증이 적게 생긴다. 젖가슴이 크면 당연히 아이에게 충분한 영양분을 줄 수 있다.

여자의 경우 남성의 큰 키, 건장한 체격, 넓은 가슴, 통통한 엉덩이 등에 매력을 느낀다. 모두 사냥이나 농사를 잘할 수 있는 형질이다. 즉, 자기와 자식을 먹여 살리기에 유리한 형태와 성질에 자연히 끌리는 것이다. 때로는 직접 시험해 보기도 한다. 신파조 영화나 코미디에서 흔히 보는 장면이 있다. 즉 여자는 날 잡아 보라며 달리고 남성이 곧 붙잡아 둘이 같이 쓰러지는 장면이다. 제주도 암말이 꼭 같이 행동한다. 발정기가 되면 암말이 수말들에게 꼬리를 치고 달리기 시작한다. 수말들은 쫓아가고 가장 잘 달리는 한 마리가 남을 때까지 암말은 계속 달린다. 이렇게 잘 달려서 선택된 수말과 아이를 낳고 당연히 다음 세대의 말들은 잘 달리는 성질을 유지하게 된다.

여성이 뚱뚱해지는 것을 싫어하는 것도 같은 이유에서이다. 인류 역사상, 원시시대에서 현대까지 항상 식량이 부족했다. 최근의 몇 나라 빼고는. 우리가 어렸을 때도 먹을 것이 부족하여 대부분이 마른 체격이었다. 이런 상황에서 내분비 질환(쿠싱 증후군, 갑상선기능 저하증)이 있는 사람은 비만했다. 즉, 비만은 병적 상태를 의미하고, 이런 여성은 임신을 못한다. 따라서 남자도 기피하고,

여성은 살에, 몸무게에 예민하게 되었다. 임신 못하는 여자로 오인받을까봐.

서로 좋아하여 아기를 낳고나면 문제가 생긴다. 하등동물은 어른으로 크는데 시간이 많이 걸리지 않는다. 쥐새끼는 1~3개월, 강아지는 8~12개월. 그러나 인간의 경우 최소한 15년은 걸린다. 다른 동물은 어미 혼자 아이를 기를 수도 있으나, 사람은 아빠의 도움이 꼭 필요하다. 아빠를 옆에 붙잡기 위해서, 여성의 몸이 변했다.

다른 동물은 발정기에만 교미交尾를 한다. 사람의 경우 아빠를 붙잡아 두기 위하여 항상 교미를 할 수 있게 또 자식을 낳을 수 있게 여성의 생식기관이 변화하였다. 자식이 성인이 안됐어도, 자궁은 월경을 하면서 임신할 수 있게 바뀌었고. 사회문화적으로는 결혼과 일부일처제가 확립되었다.

또, 교미를 하는 방식도 약간 변했다. 모든 동물은 남성이 여성의 뒤에서 교미를 한다. 그러나 인간은 서로 마주보고 한다. 이를 정상위라고 부른다. 즉, 서로 얼굴을 보며 짝임을, 부부임을 확인하는 것이다. 여성은 남자에게, 나와 내 자식이 당신이 먹여 살려야 하는 식구食口라고 확인시키는 것이다. 자식의 아빠를 붙잡기 위해서는 여자의 예쁜 얼굴이 유리해졌다. 여성이 얼굴 미용에 관심을 쏟는 이유이다. 이런 사회생물학적 근거로, 얼굴 미용에 관계되는 사업은 절대로 망하지 않게 되어 있다. 여성이 남성보다 늦은

30대에 성욕(리비도)이 증가하는 현상도 남편 붙잡기, 아기 키우기와 관련 있다.

문제는 자식들이 다 크고 나서 생긴다. 여자 측에서 보면, 남성은 아이들을 성인으로 성장시키는데 필요했다. 이 일이 끝난 다음에는 사실 본능적으로 남성이, 즉 남편이 필요 없어진다. 먹고 사는 것이 해결된다면. 따라서 여자들이 자식이 다 자라고 아주머니가 되면 거세어지고 특히 돈을 벌어 오지 못하면 남편을 무시한다.

물론 이 시나리오는 극단적인 사회생물학의 관점에서 기술한 것이다. 교육과 훈련, 문화적 영향, 가치관 개발 등 다른 요인에 의해서 실제 나타나는 현상은 개인마다 다르다.

어찌되었건 우리 남성들은 정확하게 이런 상황을 파악하고 대처하면서, 나이가 들면 여자에게 선처(?)를 호소해야 한다.

연애를 잘하는 기술

사람은 본능 위에 이성과 감성이 발달되어 사고와 행동을 조절하고 있다.
감성을 자극하면 다른 경쟁자보다 유리한 입지를 차지하게 된다.

우리가 학교시험에서 좋은 성적을 얻으려면 공부를 열심히 해야 한다. 남녀 간의 사랑에서도 노력을 해야 좋은 상대방을 얻을 수 있다. 열심히 공부도 하지만 요령이 있어야 시험을 잘 본다. 마찬가지로 좋은 상대를 만났을 때에 가까워지는 연애의 기술이 있다. 나름대로 필자가 생각하는 방법을 소개하겠다. 판단은 독자에게 맡기겠다.

사회생물학적 관점으로 보면 청소년기의 행동양식은 남녀 간의 짝짓기와 많은 상관관계가 있다.

다시 말하면 서로 상대방에게 매력적으로 보이려고 여러 의식적 무의식적인 행동을 한다는 뜻이다. 사실은 이러한 경쟁으로 좀 더 다양하고 우수한 종족으로 진화한다. 사람도 다른 동물과 마찬가지로 자손번식이 가장 중요한 본능이다. 그것도 우수한 형질을 가진 후손을 원한다. '이왕이면 다홍치마' 이라는 우리말도 있다.

예쁘면 더 좋듯이 우수한 자식이면 더 흡족할 것이다. 따라서 상대방의 우수한 성性적 형질이 매력이 되어 이끌리고 좋아하게 된다.

그러나 고등동물일수록 삶이 복잡해지므로 우수한 형질의 개념도 단순하지가 않게 된다. 특히 사람은 본능 위에 이성과 감성이 발달되어 사고와 행동을 조절하고 있다. 여성의 경우 특히 감성에 많이 좌우된다. 이 감성을 자극하면 다른 경쟁자보다 유리한 입지를 차지하게 된다.

필자가 추천하는 방법은 심리학의 동일시同一視(identification) 기전을 이용하는 것이다.

서로 다른 두 가지 일을 구별하지 않고(또는 못하고) 똑같이 여기는 현상이다. 필자가 대학생 시절 심리학과의 장병림 교수에게 들은 강의 내용이다. 이 세상 모든 사람들이 자기 어머니가 가장 아름답다고 생각한다. 특히 어릴 적에는. 장 교수는 어린아이가 엄마를 쳐다보며 우유나 젖을 먹기 때문이라고 했다. 어릴 때의 가장 중요한 욕구는 먹는 것이다. 엄마 얼굴을 보면서 배고픈 것이 해결되고 만족을 느끼는 상황이 반복되면서 그 얼굴과 만족감이 동일시된다. 당연히 엄마 얼굴이 누구 얼굴보다도 좋게 마음속에 각인된다.

이 현상을 연애 과정에서 이용할 수 있다. 상대방과 맛있는 음식을 자주 같이 먹는 것이다. 일부러 잘하는 진미식당을 찾아다니고, 계절에 따라 맛을 내는 제철 음식을 먹고, 새로 생긴 식당에서 색다른 미각을 즐긴다. 특히 배고픈 상태에서 같이 즐겨먹으면 효과가 크다. 허기진 상대방은 맛있는 음식을 먹으면서 느끼는 증폭된 즐거움과 만족감을 당신과 동일시할 것이다.

또 다른 방법은 예술을 이용하는 것이다. 예술은 인간만이 즐기고 있는 고도의 지적이고 감성적인 미적 활동이다. 물론 많은 내용이 남녀 간의 사랑과 연관되어 있다. 여러 예술 장르 중에 현대인이 자주 즐기는 영화와 음악을 추천한다. 친해지려면 영화를 같이 보고 음악을 같이 듣는다.

우선 애정 영화를 같이 본다. 사랑을 이루는 내용도 좋고 헤어지는 내용도 좋다. 헤어지고 그리워하는 스토리가 더 애절할 수도 있다. 상대방은 영화의 줄거리를 우리 둘의 관계에 맞추어가며 새로운 각색을 하게 된다. 그러나 애정 영화가 아니라도 무방하다. 영화 속의 내용을 함께 느끼며 웃고 울면서 서로 공감하게 된다.

음악은 여러 예술 중에 가장 감성적이다. 듣는 사람의 상상력을 동원하는 강력한 힘이 있기 때문이다. 청각을 통해 뇌신경세포로 들어온 시그널은 다른 인지기능을 하는 신경세포와 연결되어 느낌과 상상을 하게 된다. 같은 음악도 반복해서 들으면 다르게 반응한다. 즉 음악을 듣고 느낌과 상상으로 재창작하는 것이다.

PET(양전자단층촬영술, 인체 내 대사 변화를 촬영하는 의료기기) 이용 초창기인 1970년대에 UCLA에서 했던 실험이 이 사실을 뒷받침하고 있다. 바흐의 음악을 들려주면서 포도당 대사의 변화로 뇌신경의 활성을 촬영했다. 음악 문외한에서는 청각신경이 있는 우측 측두엽만 활성화되나, 음악에 조예가 깊은 사람에서는 양쪽 측두엽 뿐만 아니라 이성적 생각을 하는 양쪽 전두엽도 활성화 되는

사실을 관찰했다. 즉 음악을 들으면 느끼면서 상상을 하게 된다.

이런 음악의 힘을 빌리는 것이다. 우선 달콤하고도 슬픈 곡을 하나 정한다. 예전에는 가곡을 많이 이용했다. 가사가 대부분 시詩이기 때문에 문학의 힘도 빌릴 수 있기 때문이다. 둘이 있을 때마다 이 곡을 같이 듣거나 부르고 상대방에게 음반이나 CD를 선물한다. 또 가사와 곡에 대해 조사를 해서 그 배경이나 관련된 이야기를 알려주는 등 음악과 연관된 행동을 반복하면 상대방은 어느새 그 음악과 나를 동일시하게 된다.

이 정도면 거의 성공한 상태이다. 그 사람이 어디서나 그 곡을 들으면 내가 생각나고 나와의 추억이 떠오르게 된다. 자연히 음악이 가지고 있는 달콤한 아름다움과 어쩐지 야릇한 슬픔이 나에 대한 감정과 헷갈리게 된다.

내가 제시한 이 두 방법은 이미 사용되고 있다. 음식점에는 연인들로 가득하고, 데이트 장소로 영화관을 선호한다. TV 드라마 〈모래시계〉에서부터 시작된 것 같은데, 주연배우가 나오면 반드시 연주되는 곡이 있어 배우에 대한 시청자의 특정한 감정을 유도하고 있다. 내 생각에 이론적 배경에 의한 것이 아니라 경험에 의해 얻은 노하우일 것이다.

이렇게 같은 음식을 자주 먹고, 같은 곡을 듣고, 영화를 자주 둘이서 같이 보면, 얼굴 근육의 긴장도가 같아지고, 음식을 씹을 때

치아와 턱뼈가 받는 압력이 비슷해진다. 점차 두 사람의 인상이 비슷해지고 두 얼굴이 닮아간다. 주위 사람들이 말 할 것이다. '두 사람은 천생연분' 이라고.

1. 왕관의 궁정 타지마할 풍경
2. 이집트 파라오의 무덤
3. 일본 에이헤이지永平寺에서의 하룻 밤
4. 항주 서호의 인상
5. 평양의 아가씨 안내원
6. 세인트앤드루스의 추억
7. 한국인 같은 아일랜드 사람

5장. 여행, 삶의 숨을 고르다

왕관의 궁정 타지마할 풍경

타지마할은 모든 것이 대칭을 이루고 있다.
따라서 어디에서 바라보아도 조화로운 질서와 아름다움이 있다.

인도 북부에 위치한 뉴델리에서 250km 떨어진 아그라(Agra)시에 위치한 호텔에서 하룻밤을 지내고, 아침 6시에 타지마할을 보기 위하여 일찍 출발하였다. 사각형의 타지마할을 둘러 싼 공원의 입구는 90도 직각으로 구부러져 있었다. 인도에서는 여자의 거처를 바깥 남자가 보지 못하게 하기 위하여 들어가는 입구는 거실과 항상 직각으로 되어있단다. 이슬람 풍의 동그란 입구 위에는 하트무늬를 거꾸로 한 나무장식이 붙어 있었다. 마치 지상에서 못다 이룬 황제 부부의 사랑을 의미하는 듯하다. 100m 정도 걸어가면 담벼락 넘어 왼쪽에 타지마할의 지붕이 언뜻 보인다. 아름다운 여인의 얼굴이 담 위로 잠깐 보이는 듯 가슴이 두근거린다.

본당으로 들어가는 정문은 붉은 색의 암사(sand stone)와 하얀색의 대리석이 기하학적 모양으로 어우러져 있다. 입구는 현란한 붉은색의 돌조각으로 새겨진 코란 문구가 하얀 대리석을 둘러싸고, 천장은 전체적으로 아치형이면서도 수많은 작은 각이 지어져 있어 물리학적으로 가장 견고하다는 독특한 양식을 보이고 있다. 타지마할을 지키는 단정한 수문장이다.

정문을 통과하니 타지마할의 모습이 새벽안개 속에 어렴풋이 보인다. 원형과 사각형의 완벽한 조화. 그러나 전체적으로 가운데 원형 돔이 가분수 모양으로 커서 역설적으로 여성의 우아함을 느끼게 한다. 안쪽 깊숙이 위치한 원형의 돔 아래 사각형 건물이 있고, 사각형 건물 안에 아치형의 문이, 아치 문안에 사각형 쪽문이 좌우 대칭으로 있다. 본당 건물과 정문까지의 긴 길을 직사각형의 호수가 있고, 페르시아 양탄자에서 볼 수 있는 기하학적 무늬에 따라 꽃과 나무로 정원을 장식하고 있다. 질서 있는 우아함이 타지마할의 주제이다.

타지마할은 인도어로 왕관의 궁전(crown palace) 라는 뜻이다. 둥근 돔이 왕관처럼 보인다. 그러나 다시 보면 사각형 대리석 반석 위에 세워져 있는 건물 전체가 왕관 모양을 하고 있다. 태양이 뜨기 시작하면서 아침 햇살에 따라 타지마할 본당의 색깔이 변하기 시작하였다. 대리석 건물이 희미한 우유빛색에서 새벽 햇살을 받아 연한 분홍색으로 변하고, 해가 떠오르면서 점차 연한 노란색으로, 다시 순백색으로 색깔을 바꾼다. 햇볕에 따라 돔 위의 순금과 대리석 건물위의 금색 무늬가 반짝거린다. 진정 현란하지만 우아한 왕관의 모습이다. 그러나 가장 아름다운 모습은 밤하늘에 둥근 보름달이 비추는 타지마할이란다.

타지마할은 무굴왕국의 샤자한 왕이 14번째 아기를 분만하다 죽은 부인 뭄타즈 마할을 추모하여 세운 거대한 묘지이다. 지금으로부터 350년 전, 서로 평생을 뜨겁게 사랑하던 뭄타즈 마할 왕비는

임종하면서 샤자한 왕에게 재혼하지 않고 혼자 살면서 왕비를 추모하는 건물을 만들어 줄 것을 부탁하였다. 왕은 슬픔을 이기기 위하여 이 유언에 따라, 그들이 젊었을 때 처음 만나 사랑을 시작한 정원 자리에 22년 동안 온갖 정성을 다하여 묘지를 만들었다. 당시 이슬람국가이던 무굴제국의 재력을 다 모아, 이태리, 프랑스 건축가의 설계를 바탕으로 인도 각지는 물론, 아프가니스탄, 터키, 이집트, 티베트 등 세계 각국에서 대리석과 다양한 색깔의 각종 암석을 모아 2만 명이 건설에 참여하였다.

타지마할은 모든 것이 대칭을 이루고 있다. 묘지인 본당 건물 양쪽에 이슬람 성당과 4개의 탑을 세우고, 그 앞에 호수와 정원이 완벽한 대칭을 이루도록 구석구석을 정성으로 만들었다. 따라서 어디에서 바라보아도 조화로운 질서와 아름다움이 있다. 동서 양쪽에 있는 붉은색 사암의 이슬람 성당은 왕비의 영혼을 위로하기 위한 것으로 아담하게 만들었고, 4개의 뾰족한 첨탑은 건물이 여성스러움에만 치우치는 것을 막아준다.

먼저 신발을 벗고 하트형 옆 계단을 통하여 전체 건물이 놓여 있는 넓은 대리석 반석 위에 올라간다. 검은 돌에 조각한 코란 문구로 둘러싸인 본당의 정문이 가지런히 보이기 시작하고, 역시 기하학적 모양의 아치문이 보인다. 건물 모든 벽에는 각종 무늬가 새겨져 있고 부조되어 있다. 세계 각국에서 모은 노란, 빨강, 청색, 녹색의 색깔의 진귀한 돌을 흰 대리석 바탕위에 꽃모양으로 상감 양식으로 새겨 넣었다. 손전등으로 비춰보면 빛의 방향에 따라 대리석 꽃이 피어나듯이 색깔을 발한다. 대리석에 만발한 꽃과 코란의 왕관. 어느 꽃다발이, 어느 꽃마차가 이보다 화려하고 이렇게 영원할 수 있을까?

건물 앞 사각형의 긴 호수에 비친 타지마할 건물의 반영反影. 잠잠한 수면 위에 그림자가 선명하다. 그러나 호수에 말없이 드리운 원형의 건물이 이미 다른 세계에 있는 왕비의 모습을 더 상징적으로 보여준다. 샤자한 왕은 양쪽의 종탑에서 울리는 슬픈 음악을 들으며 타지마할과 호수 위의 그림자를 번갈아 바라보았다고 한다. 타지마할의 뒤, 강 너머에는 아련히 보이는 넓은 평야가 있다. 왕은 자기가 죽은 후 이 평야위에 검은 대리석의 또 하나의 타지마할을 세우려 했다고 전하여진다. 마침 피어오르는 아침 강변의 안개 위에 검은 원형 건물이 보이는 착각마저 생긴다.

본당 건물로 팔각형의 기둥 위에 높은 아치 돔을 세웠다. 거대한 돔 내부에는 한가운데에 대리석 꽃으로 싸여있는 왕비의 무덤 하나만 조그마하게 놓여 있다. 그 옆에 사후에 옮겨져 묻힌 샤자한 왕의 무덤이 아무 장식 없이 초라하게 있다. 껌껌한 원형 돔 안에서 울리는 메아리의 음향은 마치 이 부부의 사랑을 증언하는 영혼의 울림처럼 들린다.

17년의 결혼생활을 영원한 부부애로 결정화시킨 타지마할. 옆에서 70대의 서양 부부가 포옹을 하고 왕과 왕후의 무덤을 바라보고 있다. 남녀 간의 사랑과 애정에 바친 왕관이 타지마할이다. 그러나 그 옆 4개의 아름다운 첨탑을 올라가지 못하게 하고 있었다. 수년 전 첫사랑에서 실연한 젊은 남자가 탑 위에서 투신자살하였기 때문이라고.

남녀 간의 사랑은 어떻게 시작하여 어떻게 끝나는 것인지? 사랑은 어떻게 해서 더욱 아름다워지는 것인지? 사랑은 어떻게 해야 영원해 질 수 있는 것인지? 사랑이 우리에게 주는 풀리지 않는 수수께끼가 잠시 머리를 스쳤다.

샤자한과 뭄타즈 마할의 이야기는 여기서 끝나지 않았다. 이들 사이에 낳은 세 왕자 중 야심이 많던 막내아들이 정변을 일으켜, 샤자한 왕은 왕위를 뺏긴 채 칠십 세에 죽기까지 마지막 7년 동안을 아그라 성벽(Agra fort)에 갇히게 된다. 그토록 숭고했던 사랑의 결정체인 왕자에 의하여 인생을 배반당하고, 따라서 더욱 그리워지는 옛 왕비를 생각하면서 둘째 딸의 시중을 받다가 타계하였다고 한다. 왕이 갇혀 있던 방에서 승화된 사랑의 상징인 타지마할이 아련히 보인다. 타지마할로 빚어낸 과거의 사랑과 감옥 같은 현실 사이를 오가며 사랑의 수수께끼를 되뇌었겠다. 특히 보름달에 비친 타지마할은 더욱 신비로워 왕비가 그리워져 역설적으로 사랑의 무상함을 느꼈겠지. 죽은 후에는 왕의 소망대로 부인의 무덤 옆으로 가게 되면서 이 이야기는 완성된다.

〈타지마할〉

그 날 흘러내린 눈물은
영원히 마르지 않을 것이며,
시간이 흐를수록 더욱 더 맑고
투명하게 빛나리.

그것이 타지마할이라네.
오 황제여,
그대는 타지마할의 아름다움으로
시간에 마술을 걸었지.
그대는 경이로운 화환을 만들어
죽음을 영원한 우아함으로
덮어버렸네.

무덤은 속으로 속으로
파묻고 뿌리내리며,
먼지로부터 일어나 기억의 외투로
죽음을 부드럽게 덮어주고 있네.

그것이 타지마할이라네.

– 라빈드라나드 타고르(1861–1941)

이집트 파라오의 무덤

낮에는 강렬한 태양아래서 수영을 하였다.
저녁에는 나일강의 황혼에서, 밤에는 별이 가득한 하늘에서 아프리카의 독특한 정취를 느꼈다.

카이로에서 새벽 4시에 일어나 룩소로 향하였다. 룩소로 가는 첫 비행기는 외국 관광객으로 가득 차있었다. 룩소는 카이로에서 600km 떨어져 나일강가에 있는 옛 이집트의 수도로, 전성기에는 인구가 천만 명(?)이었다고 호모의 일리아드에 기록되어 있단다. 킬리만자로 산에서 시작되는 나일강은 아프리카 북부 6,700km를 지나 이집트를 가로질러 지중해로 빠진다.

중동 아시아에서 불어온 많은 구름이 킬리만자로 산맥에 머물러 비를 만들고 또 산 정상의 눈이 녹아 넓은 강이 되어 이집트 사막에 유일한 농경지를 만드는 것이다. 나일강을 따라 주위로 폭이 짧게는 2km 길게는 250km에 걸쳐 농경지가 생기고, 1년에 2~3 차례 생기는 홍수에 의하여 상류의 비옥한 흙탕물이 내려와 퇴적되어 새로운 논밭이 만들어 진다. 이 비옥한 땅에는 2모작 내지 3모작이 가능하여 옛날부터 사람이 농사를 지으며 모여 살게 되었다. 그래서 이집트인들은 나일강을 '신이 준 선물' 이라고 하고 이것을 관리하던 파라오 왕이 절대 권력을 가지게 되면서 화려한 이집트 문화를 발전시키게 되었다.

인류의 문명과 문화의 발전은 자연 환경과 크게 관련이 있다. 프랑스가 좋은 예이다. 산맥이 거의 없고 넓은 평야에서 얻은 풍부한 농산물로 예전부터 먹고 사는 문제가 해결되었다. 또 정치적으로 일찍이 통일되어 왕의 권위가 확립되어 있었다. 이에 따라 많은 프랑스의 재화財貨 및 부富가 파리에 모이고, 사람들은 여유가 생겨 예술과 문화 발전에 몰두할 수 있었다.

아시아에서는 중국의 통일국가가 비슷한 예이다. 고대 이집트에서도 파라오의 절대 권력이 일찍이 확립되었고, 비옥한 나일강가를 떠나서는 사람이 살 수 없는 사막만 있으니, 다른 지역에서는 보기 힘든 집권자를 중심으로 한 강력하고 화려한 문화가 탄생할 수 있었다. 그러나 어떻게 보면 인류의 위대한 고대 문화유산(건축물, 묘지 등)은 독재자에 의한 민중 착취와 고통의 결과가 아니었던가? 과거 인류의 웅장한 유적을 볼 때마다 마음에 걸려서 넘어가지 않는 응어리이다.

룩소에 도착하여 이곳에 사는 유일한 한국 사람이라는 관광 안내원 미스 김을 만나 전세 버스로 왕가의 계곡으로 향하였다. 미스 김은 간호사 출신으로 어찌어찌하여 이집트 남자와 결혼하여 이곳에서 살고 있었다. 이슬람교를 믿는 이집트 남편과 룩소에서의 삶은 수월치 않은 것 같다. 현지인 안내원과 신경전을 벌이기도 하고, 운전사, 현지 탑승원(이집트 정부에서 현지인 취업을 위하여 관광버스마다 의무적으로 탑승원을 둔다)의 비위를 맞추려고 노력하기도 한다. 그러나 한국인을 관광 시키면서 생계도 유지하면서 외로움도 달래고, 우리 특유의 열정으로 열심히 이집트 문화 공부도 계속하고 있었다. 미스 김이 신은 낡은 운동화를 보고 마음이 아팠던 이명철 선생님 사모님은 나중에 귀국하면서 당신의 운동화와 옷가지를 보내주었다.

룩소는 나일강에 의해 동서로 나눠진다. 고대 이집트인들은 태양이 뜨는 나일강 동쪽에 신전을 지었고, 태양이 지는 서쪽에 묘지와 제전을 만들었다. 따라서 나일강 서쪽에 왕과 여왕의 무덤이 있는 거대한 계곡이 있다. 고 왕조 시대에 만든 피라미드 속에 있던 파라오 무덤은 모두 도굴 당하여 신왕조에 이르러 이 룩소에 지하 무덤을 만들게 되었다고 한다. 피라미드 모양을 숭상하던 이집트인들은 비슷한 모양의 산이 있는 곳을 찾아 계곡에 64명의 파라오 무덤을 만들고 '왕가王家의 계곡' 이라고 불렀다.

람세스 6세의 무덤을 먼저 구경하였다. 입구부터 현실玄室로 가는 길은 너비가 5~6명이 나란히 걸어갈만 하였고, 높이는 2.5~3m, 길이는 10m 정도 되었다. 양옆과 천장에 3,500년 전에 그린 벽화와 상형문자가 마치 어제 색칠한 것처럼 선명하다. 그림에서 유래된 이집트 상형문자가 나에게도 점차 익숙해져 생경하다는 생각이 사라지고 아름답다는 느낌마저 든다. 내용으로 옛날 이집트 사람들의 세계관, 종교관, 사후 세계에 대한 염원들이 가득 차 있었다. 특히 왕의 생전의 업적 중에서 잘한 일(positive confession)과 못한 일(negative confession)을 나누어 기록하고 죽음 후 저 세상에서 심판받는 내용을 기술하였다. 최고 권력자에게도 적용한 고대 이집트인의 삶에 대한 섬뜩한 경건성을 느낄 수 있었다. 이집트 상형 문자는 로제트석의 문자를 근거로 학자들의 연구 끝에 현재는 거의 100%를 해독할 수 있다고 한다. 고대 이집트인은 나일강과 함께 태양신을 섬기고 있어 이 둘이 모든 그림의 주제가 되고 있다. 왕의 시신이 있는 현실玄室의 벽화와 천장화는 인상적이었다. 천장 가득히 별이 빛나고 있었다. 별은 고대 이집트인에게는 생명으로 인도하는 빛으로 부활을 뜻하였다. 별을 가득 안은 누드여신이 왕의 시신을 덮고 있었다.

왕가의 계곡 주위에 있는 마을에는 10년 내지 20년 동안 이집트 왕의 무덤과 신전을 연구하고 상형 문자를 해독하는 고고학자의 집이 여기저기 널려 있었다. 불란서의 나폴레옹이 이곳을 정복한 이후 유럽에서 고대 이집트에 대하여 연구하는 '이집트학(Egyptology)' 이 생기고 이는 곧 고유명사가 되었다. 주로 선진국에서 온 자칭 이집트학자(Egyptologist) 라는 연구자들은 건조한 모래 먼지만 날리는 이 사막 마을에서 인생의 대부분을 보내고 있는 것이다. 무엇을 위하여서 일까? '자기 삶' 과 같은 이집트학의 완성을 위하여? 아마도 이집트학이 흥미롭고 재미가 있었을 것이다.

공자의 말씀에 다음과 같은 내용이 있다. "타고 난 재능을 가진 사람이 노력하는 사람을 따라가지 못하고, 노력하는 사람은 즐기는 사람을 따라가지 못한다" 자기 일에 감동과 재미를 느끼는 삶이 객관적인 성취 여부에 관계없이 성공하는 인생이다. 인류의 역사에서 소위 위인들은 모두 자기 일에 미쳤던 사람이다. 신앙, 학문, 사업,

예술 등 어떤 일에 몰두하고 간간히 얻은 성과에서 짜릿한 전율을 느끼면서, 이를 천직이라고 생각하는 삶. 자기 일과 이념에 전 일생을 투자했던 사람. 이런 사람이 위인이다. 위인은 아니지만 이명철 선생님과 나는 "우리 인생의 목표는 핵의학의 발전이다"라고 공감한 적도 있고, 연구가 한참 재미날 때는 "내가 좋아하는 일을 하는데 학교에서 월급까지 준다"하고 행복해 하던 기억이 있다.

그러나 평범한 우리가 그들같이 훌륭한 인생을 못산다고 낙담할 필요는 없다. 대신 우리 같은 서민은 세상의 여러 가지 다른 소소한 즐거움을 누릴 수 있다. 위인이 가지기 어려운 상식적인 생각과 건전한 삶, 폭넓은 사회생활에서 얻는 연대감, 생각과 행동의 다양함 등이다. 자기의 몸과 마음을 학대하지 않는 데에서 오는 동물적 만족도 한가지이다. '일요일 아침의 느긋한 게으름' 같이 우리가 가지는 평범한 인생의 다른 잔재미를 위인은 즐기지 못하겠지. 이런 면에서 세상은 공평하다.

다시 이야기는 돌아와, 왕가의 계곡에 있던 파라오의 무덤도 모두 도굴되었고 온전하게 남아 있는 것은 우연히 발견한 18세 소년왕인 투탕카멘(Tutankamon)의 무덤이었다. 이 소년 왕은 제위기간이 너무 짧고 다른 사람이 섭정하여 권력도 미약하여 도굴꾼들이 무시하였고 무덤의 위치도 몰랐다고 한다. 1922년 영국의 고고학자인 카터(Carter)가 6년간의 집념 끝에 무덤을 찾아내고 모든 부장품을 고스란히 발굴하였다. 약 1,800점의 화려한 유물이 발견되었고, 왕의 시신을 덮은 6겹의 황금 박스 등 각종 유물과 장식이

상상을 초월하였다. 특히 왕의 황금 마스크는 450 파운드나 되고 아주 정교하여, 인류 역사상 현존하는 가장 크고 화려한 금 세공품이다. 카이로 박물관의 2층을 모두 차지하고 있는 이 유물품의 내용과 규모로 보아 더 큰 권세를 가졌던 다른 200여 명 파라오의 부장품들은 과연 얼마나 대단하였을까. 상상을 초월하는 내용일 것이다. 그러나 애석하게도 거의 모두가 도굴 당하였고 그것도 원품을 녹여 단순한 금괴로 만들어버렸으니 이 얼마나 애석하고, 안타까운 인류 문화의 큰 손실인가?

새 파라오가 즉위하면 자기의 사후를 위한 피라미드를 만들기 시작하였고 이는 일종의 국가적인 사업이었다. 노예에 의존한 것이 아니라 농한기마다 막대한 비용을 지불하면서 일반 시민을 동원하여 20~30년 간 역사役事를 이루었다고 한다. 기록에 의하면 파라오가 황금을 나뭇잎 날리듯이 소비하여 피라미드를 지었다고 한다. 피라미드가 완성되었을 때 큰 축제를 열었다. 빈민층을 위한 일종의 취로사업이었던 것이다.

피라미드의 돌 하나가 2~3톤인데 100만개 이상을 쌓아야 하나의 피라미드가 되니 그 규모는 엄청나다. 그것도 동서남북을 정확하게 맞추고 기하학적으로 건축하였으니 그 당시 인간의 지혜와 능력이 대단하였다. 이곳에서 여러 유적을 보면 3,500년 전 당시 이미 인류문명은 어느 면에서는 지금 수준에 있는 것 같다. 그러나 큰 권세를 자랑하였던 투트모스 3세는 예기치 않게 사망하였던지 미완성의 무덤을 남기고 말았다. 살아생전 자기 자신의 권력에

대한 과신, 아니 인간인 파라오를 신으로 착각하는 망상이 아마도 이러한 결과를 초래하였을 것이다. 도굴꾼을 막기 위해서 나무로 덫을 만드는 등 여러 가지 방법을 고안하였으나 재물에 대한 인간의 욕심은 막을 수가 없어 모두가 도굴 당하였다.

하트셉수트(Hatshepsut) 여왕의 제장전으로 향하였다. 이곳은 신전과 무덤을 겸비하여 만들어 당시로써는 새로운 형태의 건물이다. 이집트 왕이었던 아들을 대신하여 20여 년간 권력을 쥐었던 그녀가 아버지 투트모스(Tutmose) 1세와 자신을 위하여 만든 장소였다. 3층으로 된 아름다운 테라스로 이루어진 이 건물은 여왕의 출생에 대한 작위적인 신화부터 특히 소말리아와의 무역 같은 생전의 업적, 다음 영생을 기원하는 벽화로 가득 차 있었다. 아주 사실적인 그림이 인상적이었다. 그러나 사후 정적들이 여왕에 대한 보복으로 그녀의 모습은 모두 정으로 깎아 지워지는 치욕을 겪기도 하였다. 그 당시의 분노와 보복이 현재 무슨 의미가 있는가. 지금 보면 우리들을 안타깝게 하는 어리석은 인간의 미망일 뿐이다. 치욕도 역사의 기록이니 지금의 잣대로 해석하지 않고 있는 데로 그냥 두어야 한다.

공예품을 판매하는 가게에 잠깐 들렀다. 인기 있는 품목은 남자로는 이집트 융성기의 파라오인 람세스 2세이고 여자는 가장 아름다웠다는 네페르티티(Nefertity) 왕비이다. 두 사람의 흉상으로 가게는 가득 차 있었다. 나도 네페르티티 왕비가 새겨진 크리스털을 기념으로 구입하였다. 물을 파는 10세의 소년 소녀의 얼굴에서 천진한 이집트인의 모습을 볼 수 있었고 특히 여자아이는 얼굴이 밝고 동글하여 인상파 화가인 르누아르의 그림을 연상시켰다. 처음에는 구경만 하려고 가게에 들어갔다가, 10세 소년의 노련한 상술로 사고 말았다. 그는 반드시 살 필요는 없으나 얼마나 귀중한 물건인지를 설명하였다. 그에게서 고대 중동 상인의 기질을 어렵지 않게 찾을 수 있었다.

점심 식사 후 카르낙(Karnak)신전으로 향하였다. 이곳은 역대 파라오들이 태양신인 아몬(Amon)을 위하여 만든 세계에서 가장 큰 신전이다. 파리의 노트르담 사원보다 큰 신전에서 특히 23m 높이의 134개 돌기둥이 102×53m의 회랑을 이루는 곳이 압권이었다. 현재 지붕은 없어졌지만, 북 이집트를 상징하는 연꽃과 남 이집트를 상징하는 파필루스의 꽃모양을 갖춘 원주는 그야말로 돌기둥의 숲을 이루고 있었고 돌기둥과 주위 벽에는 각종 역사적인 내용의 그림과 상형문자가 조각되어 있었다. 그 신화적, 역사적 내용때문에 수백 명의 학자가 연구하고 있단다. 입구에는 위풍당당한 람세스 2세의 동상이 서 있고 양다리 사이에 그가 가장 사랑했던 딸의 조그마한 동상이 수줍게 서 있었다.

또 하나의 압권은 오벨리스크 두 개였다. 높이 23m, 무게 143톤의 오벨리스크는 전체가 하나인 붉은 돌을 쪼아 만든 걸작 중에 걸작이다. 이집트 산중에서 만들어 여름에 나일강의 범람에 맞추어 이곳에 운반해온 오벨리스크는 그 뾰족한 꼭대기가 하늘의 신과 통한다는 건축물이다. 금으로 덮인 꼭대기는 1년 내내 햇빛을 받아

찬란하게 빛났다고 한다. 또, 고대 이집트인들은 쇠똥벌레를 영원한 동물로 추앙하였다. 쇠똥벌레는 한 몸 안에 암수를 가지고 있어 자가 생식으로 알을 만들고 쇠똥 속에 굴려서 새끼를 만든다고 한다. 큰 쇠똥벌레의 돌 조각이 있는데 주위를 세 번만 돌면 소원이 성취된다고 한다. 나도 다른 관광객과 함께 주위를 돌며 가족을 위해서 기원하였다.

황혼녘에 룩소 신전을 방문하였다. 이 신전은 나일강이 크게 범람할 때 진흙 속에 덮여져 있다가 150년 전에 우연히 발견되었다. 네페르타리(Nefertari) 여왕을 위하여 만들기 시작한 신전으로 여성스러운 느낌이 강한 우아하고 아름다운 신전이다. 카르낙(Karnak) 신전과 3km 떨어져 있고 그 사이의 참배 길을 돌로 만든 수많은 스핑크스가 좌우로 나란히 지키고 있었다고 한다. 애석하게도 지금은 그 일부만 남아있다. 입구에는 역시 람세스 2세의 얼굴상이 있고 두 개의 오벨리스크가 있었으나 하나는 나폴레옹 침공 때 약탈되어 현재 파리 콩코드 광장에 서 있다. 가운데 회랑에는 파필루스의 줄기, 꽃 모양의 돌기둥이 숲을 이루고 있었다. 특히 은은한 달빛아래 빛의 조명을 받으면서 서 있는 돌기둥은 그 신비함에 넋을 잃게 하였다. 로마시대에 고대 기독교인들이 이곳에 숨어들어 상형문자의 벽에 덧칠하여 성화를 그렸던 흔적이 남아있었다. 당시 원시 기독교 신앙의 처절함과 독실함을 보여주는 유적이지만, 보는 사람에 따라서는 인간의 자기중심적인 편견과 행동을 보여주는 자국이다.

기원 전 1,500~2,000년 인류 최초의 문명 발생지인 이곳은 이미

로마시대부터 많은 사람이 찾아오는 유명한 관광지이었고, 서구제국이 침공하여 중요한 유물을 약탈하여 갔다. 지금도 런던의 대영박물관, 파리의 루브르박물관, 뉴욕의 메트로폴리탄박물관에는 수많은 이집트 유물이 전시되어 있다. 파라오의 미라는 이집트 보다 외국에 더 많지 않을까? 이러한 역사는 지금까지도 반복되고 있다. 나일 강가에는 부유한 국가의 관광객을 위한 현대식 호텔과 유람선이 연이어 서 있다.

아무튼, 쾌적한 호텔이나 유람선에서 고대 이집트 왕의 무덤과 신전이 있는 사막을 바라보면서, 낮에는 강렬한 태양아래서 수영을 하였다. 저녁에는 나일강의 황혼에서, 밤에는 별이 가득한 하늘에서 아프리카의 독특한 정취를 느꼈다.

일본 에이헤이지永平寺에서의 하룻 밤

: 이곳에서는 설화가 엄연한 현실이었다.
: 도원선사는 생전에 세 가지 마음을 강조하셨다. 희심喜心, 노심老心, 대심大心이다.

2007년 6월 27일부터 29일까지 후쿠이에서 열린 일본분자영상학회(Japanese Society for Molecular Imaging)에 다녀왔다.

학회가 끝나고 30일 오후 2시에 미국 엠디앤더슨 암센터의 유리 겔로바니와 후쿠이 대학의 부교수 키요노 선생과 함께 에이헤이지永平寺로 하루 숙박을 하기 위하여 떠났다. 에이헤이지는 '영원한 평온이 있는 절'이라는 의미이다. 후쿠이 현의 길상산 밑에 있는 750년이 된 일본 선종禪宗의 본가이다.

창건자인 도원선사(道元禪師, 도겐젠지)는 3살 때 아버지를, 8살 때 어머니를 여의어 천애고아가 되었다. 자연히 어려서부터 인생의 무상함을 느껴 13세에 출가하여 스님이 되었다. 계단원戒檀院에서 불교교리를 열심히 공부하였지만 일본에서는 부족함을 느껴, 24세에 청운의 뜻을 품고 중국 송나라로 유학을 갔다. 천동산天童山에서 평생 은사가 된 여정선사如淨禪師를 만나 선을 배우고 귀국하여 이 절을 창건하였다고 한다. 일본 선종의 본가답게 깊은 산속에 웅장하고 기품 있게 절이 서 있었다.

우리 일행은 우선 법당에서 필요하다는 흰 양말을 준비하고 접수실로 들어갔다. 우리를 담당하게 된 자악慈岳스님은 수려하게 생긴 흰 얼굴의 귀공자 타입으로 나중에 알고 보니, 고향에서 아버지도 스님이고 절을 인수받기 전에 이곳에서 공부하기 위하여 와있는 중이었다. 일본에서는 스님도 결혼하여 가족을 가질 수 있고, 절도 대물림을 하는가 보다. 우리하고는 사뭇 다르다. 스님은 결혼을 못하는 우리나라 불교가 가톨릭교 같고 일본 불교는 개신교라고나 할까?

방문자가 머무는 숙소는 5층의 큰 건물로 우리는 404호에 배당되었다. 생각보다 시설이 훌륭하여 넓은 다다미방에 수세식 화장실까지 갖추어져 여느 일본 여관에 와 있는 기분이었다. 건물 주위에는 족히 수백 년은 넘은 일본 소나무, 삼나무, 전나무, 은행나무가 우거져 있고 계곡에서 흐르는 물소리가 운치를 더하여 주고 있었다.

일본에서는 왜 소나무도 이렇게 곧고 키가 큰지? 우리 소나무보다 1.5~2배는 높다. 우리에게 일본은 정신분석가이자 철학자인 융(Jung)이 말하는 소위 그림자(shadow)이다. 융은 사람이 자기의 약점(shadow)을 인정하지 않고, 다른 사람에게 투사한다고 하였다. 내가 보기에 우리나라와 일본 사람은 자신의 약점을 상대방에게 투사하여 비난하고 이기려고 한다. 일본과 일본 사람을 우습게 보는 곳은 전 세계에서 한국 뿐 이라고 한다. 전에 본 BBC 방송의 다큐멘터리에서 한국이 급성장한 중요한 이유 중 하나가 일본이

이웃에 있는 것이라고 하였다. 우리가 일본에서 많이 배우지만, 한편으로 일본에게만은 질 수 없다는 경쟁심 때문에 더욱 열심히 한다고 분석하였다. 한국 사람은 일본에 갈 때 마다 여러 가지에 감탄하면서도 시기하며 비판하고는 한다. 일본 사람은 우리나라를 어떻게 생각하는지? 언제면 이런 현상이 없어질까?

간편한 옷으로 갈아입고, 5시에 저녁상을 받았다. 유숙객이 모여다 같이 식사하는 줄 알았는데 밥상을 우리 방으로 가지고 왔다. 이곳에서는 식사 전에 5개 노래를 암기한다. 간단히 설명하면, 밥상에 올라 온 음식이 만들어지기까지의 자연과 농부가 행한 과정과 노고를 생각하면서 고마워하고, 이 음식으로 몸과 마음을 깨끗이 하여 수행에 정진하겠다는 의미이다. 음식도 생각 보다 성찬으로 흰밥과 국 이외에도 4가지의 반찬 그릇이 있었다. 절밥의 원칙대로 음식을 하나도 남기지 않게 먹고 젓가락은 기념품으로 남겨 두었다.

우선 목욕을 하였다. 이 절에서는 창건 때부터 참선이외에도 식사와 목욕을 수행의 하나로 중요하게 여기고 있다. 식사나 목욕 중에도 선을 할 때와 마찬가지로 진지하게 하고, 일절 대화도 못하게 한다. 우리를 외국 사람이라고 대접을 하는지 목욕탕도 따로 준비하여 놓았다. 이곳의 규칙은 자기가 사용한 물건은 끝난 후에 제자리로 다시 정리하는 것이다. 우리도 깨끗이 하였으나 아무래도 외국 사람들이라 걱정이 되는지 기요노 선생은 목욕 후 나올 때 우리 자리까지 와서 아무도 모르게 뒷정리를 하는 섬세함을 보였다. 우리가 따라가기 쉽지 않은 일본인의 장점이다.

에이헤이지 절을 소개하는 비디오를 보았다. 첫 장면이 함박눈이 펑펑 내리는 절 풍경이다. 이 고장은 일본 열도를 세로로 달리는 높은 산맥의 북쪽이여서 유난히 눈이 많다. 대륙에서 현해탄을 건너 불어오는 수증기가 많은 구름이 높은 산맥에 걸리고 며칠 동안 눈이 내려 한겨울에는 1~2 미터씩 쌓이는 일이 흔하다고 한다. 쌓인 눈은 생각보다 무거워 고찰을 보존하기 위하여서는 스님을 총동원하여 지붕의 눈을 치워야 한다고. 법정스님의 수필 중에 겨울눈에 의하여 큰 나무의 가지가 꺾이는 내용이 있다. 스님은 부드러운 것이 큰 힘을 낸다는 비유로 이 이야기를 쓰셨으나 이곳에서는 설화雪禍가 엄연한 현실이었다.

이곳은 일본 선종의 본거지라 각지에서 공부하기 위하여 찾아오는 스님이 많아 항상 200여명이 머무르고 있단다. 대부분 젊은 중이고, 정말로 공부를 열심히 하는지 1/3은 안경을 쓰고 있었다. 공부를 하는 학승(이판, 理判)과 사무와 일을 하는 스님(사판, 事判)의 역할을 교대로 한다. 학승인 이판 때에도 정진하지만 사판도 일종의 수양 과정이라, 일 년 중 1~2개월은 사판 역할도 열심히 한다. 비디오에서 스님의 일과를 보여주는데 사판 스님이 새벽에 기상을 알리기 위하여 손에 든 종을 울리면서 건물을 돌아다니는데 마치 다람쥐가 나무를 타고 가듯이 계단을 재빠르게 오르고 내리는 장면이 인상적이었다.

우리 속담에 '이판사판理判事判이다' 라는 말이 있다. 정확히 말하면 '이판사판 구별이 없다' 는 표현이다. 절에서 공부를 하는 이판과

행정을 담당하는 사판이 있어 각자의 역할이 있고, 사판은 이판을 위하여 봉사하여야 하는데 그 구분이 없어진, 어떤 일의 흐트러진 마지막 모양이라는 말이다. 우리 사회의 이러한 이판사판이 없어진 일이 얼마나 많은지. 사판이 이판위에 군림하여 좌지우지하는 일도 적지 않다.

좌선座禪을 할 시간이 되었다. 선방이 따로 있고, 긴 다다미 위에서 나란히 벽을 보고 앉아 선을 하는 것이다. 다리는 가부좌를 하고 두 손은 아랫배에 손가락으로 타원형을 그리고 똑바로 앉아 생각에 몰두한다. 때때로 울리는 종소리, 북소리, 운판 소리가 몸에서 공명을 일으키고, 밖에서 끊임없이 들리는 계곡 물소리에 정신을 집중하려고도 하였으나, 머릿속에서는 이 생각, 저 생각이 들락날락하고 내가 어떤 인연으로 여기에 앉아 있나 하는 생각도 들었다. 나중에 스님에게 물어보고 동양철학에 관심이 많은 유리의 의견도 들어보니 선을 할 때에는 아무 생각을 하지 않는 무념의 상태로, 자연과 우주에게 몸과 마음을 맡기고, 오로지 숨만 쉬고 있는 상태, 생리적으로 뇌파에 델타파(delta wave)만 나타나는 상태가 되어야 한다고…….

승방에서는 일찍 취침하고 일찍 기상한다. 30분간의 선을 마치고 저녁 9시에 잠자리에 들었다. 평소보다 너무 이르게 누워 몸을 뒤척이다가 늦게 잠들었다. 아침 3시 반에 일어났다. 겨울에는 조금 늦은 4시 반에 기상한다고. 바로 좌선에 들어갔다. 이번에는 조금 익숙하여 졌다. 선을 하다가 졸음이 오거나 잡념이 들면 지키는 스님에게 자진하여 오른 쪽 목을 내밀고 대나무 막대기로 맞아 정신을 차린다. 맞는 사람이나 때리는 사람이나 진심으로 행하여, 보는 사람이 오히려 흐뭇하다. 사람들은 복도에서 서로 마주쳐도 잠시 서서 큰절로 예를 지킨다. 모두들 두 손을 가슴에 쥐고 다니다가 마주치면 손을 얼굴까지 들고 머리를 숙여 합장을 한다.

새벽 5시부터 한 시간 동안 법당에서 아침 예불을 하였다. 200여 명의 스님이 모여 불경을 낭독하고, 북, 종, 목탁을 치면서 예불을 한다. 불경 낭독이 기독교의 찬송가처럼 일종의 노래인 것을 이번에 알았다. 다 같이 낭독하다가 때로는 독창처럼 한 스님이 낭독하고, 또 화합하듯이 대구對句를 낭독하기도 하였다. 목소리도 높낮음이 있었다. 일본 말이 아닌 산스크리스트 고대 인도어로 낭독하는지 내 귀에도 익숙하다. 이곳 예불에서는 형식도 중요하다. 검은 옷에 색깔이 다른 사리를 두른 200여 명이 앉아서 낭독하고 간간히 부처님께 절도 한다. 줄을 이어 걷기도 하는데, 불경을 들고 걷는 모습이 악보를 들고 행진하는 고적대와 흡사하다. 예불을 선도하는 고승에 대한 예를 갖추는 것도 마치 군대의 열병식을 방불하게 한다. 특히 낭독하는 불경이 다양한데 그때마다 불경을 나누어 주고 걷는 광경이 절도가 있다.

한 시간의 예불이 지난 후 절을 두루 구경시켜 주었다. 중국 천동산에 있는 본가를 그대로 모방하여 스님이 있는 본가 건물 만 7동이 되는 큰 사찰이다.

사람의 심장에 해당되는 불당이 가운데 있고 그 위에 머리에 해당되는 법당이, 양쪽에는 선당과 사무실, 조리실이 있어 서로 낭하로 연결되어 있다. 앞에 있는 산문(사천왕문)에 두 편의 글씨가 기둥위에 걸려 있었다. 하나는 '아무리 세속에서 지위와 부가 있어도 버리지 않으면 이 절에 들어 올 수 없다' 이고, 다른 하나는 '인도 석가모니 시대의 포선布善과 같이 재물을 다른 사람을 구하는데 쓰면 충분히 들어올 수 있다' 이다. 700여 년 전 생각이나 지금이나 차이가 없다.

사천왕문 앞에는 수백 년이 된 삼나무들이 나란히 일렬로 절 입구까지 서 있다.

촘촘히 이끼가 덮힌 삼나무의 아래 기둥은 둘레가 서너 팔이 넘는다. 에이헤이지 절이 선종의 본가라는 것을 상징하는 풍경이다. 이러한 장관에 고무되어 유리와 나는 두 팔로 나무를 안고, 기를 받아 보았다.

절을 나오면서 도원선사에 관한 팸플릿을 구입하였다. 간단한 약력 소개가 있고, 선사가 즐겨 애용하던 선시禪詩가 있다. 지금 읽어도 의미가 심오한 구절이 많다. 도원선사는 생전에 세 가지 마음을 강조하셨다. 희심喜心, 노심老心, 대심大心이다. 희심은 세상사를 즐거운 마음으로 하라는 말이고, 노심은 살펴주는 마음으로, 대심은 거칠 것 없는 큰마음으로 하라는 가르침이다.

몇 가지 선시를 소개하면 다음과 같다.

〈만족을 아는 마음〉

빈곤 속에 선이 있고
풍요 속에 악이 있는 것이 아니다.

빈부에 관계없이
탐욕이 있을 때 아름다운 마음을 잃게 된다.

만족이 무엇인지를 아는 것이
부처의 마음이다.

〈부처의 마음佛心 깨우기〉

부처의 마음은
자기 일에 앞서
타인과 세상일에 봉사하는 마음이다.

자신에게만 집중하는 것이
갈등의 원인이다.

마음에서 불심이 깨어나면
고생스러운 세상사도
즐거운 일로 저절로 변한다.

〈수행 없이 이루어지지 않는다〉

안다는 것과
이해한다는 것은 다르다.

우리가 알아도
수행으로 실천하지 않으면
아는 것이 아니다.

약의 효능을 알아도
먹지 않으면
병을 치료 못하듯이

선도 실행하지 않으면
영원히 알 수 없다.

〈어떻게 사는가?〉

우리는 일생에
한번 태어나고 한번 죽는다.

어떻게 살아야 하는가?
이것이 불법佛法의 기본 질문이다.

오래 사는 것이 즐거운 일인가?
생은 그런 것이 아니다.

일찍 죽는 것이 슬픈 일인가?
생은 그런 것이 아니다.

문제는 우리가
어떻게 사는 가이다.

〈모든 일이 무상無常하다〉

태어나면 반드시 죽고
만나면 반드시 헤어진다.

얻은 것은 반드시 잃고
이루어 진 일은 반드시 없어진다.

시간은 화살처럼
빠르게 지나가고

모든 것이 무상하다.
이 세상에 영원한 것이 무엇인가?

항주 서호의 인상

항주가 아름다운 것은 시내에 백만 평이나 되는 큰 호수인 서호西湖가 있기 때문이다.
비 내리는 서호가 으뜸이다.

2009년 가을 집사람을 동반하고, 항주국제분자영상학회에 참가하기 위하여 강건욱 선생 부부와 항주抗州에 도착하였다. 항주는 상해 옆에 있는 소주蘇州와 함께 예부터 중국의 유명한 관광지로 "하늘에는 천당이 있고, 땅 위에는 항주 소주가 있다"라고 하였다. 특히 13세기에 이탈리아의 마르코 폴로가 이곳에 와서는 경관에 감탄하여 항주가 '세상에서 가장 아름다운 도시'라고 하였던 곳이다. 항주가 아름다운 것은 시내에 백만 평이나 되는 큰 호수인 서호西湖가 있기 때문이다.

서호는 2000년 전부터 중국인의 가슴 속에 있는 호수이다. 그동안 수많은 권력자가 방문하여 족적을 남기고, 문학가는 다투어 서호를 노래하였다. 호수에 있는 1개의 섬이 외로워 2개의 인공섬을 만들었고, 소동파는 복구사업을 하면서 호수를 가르는 제방을 쌓아서 동파제라 이름 짓고 양쪽 호수를 다르게 조경하였다. 서호에는 중국인의 풍류가 그대로 녹아 있다. 인공섬 안에 3개의 호수를 만들어 '호수 안에 섬이 있고, 섬 안에 또 다시 호수'를 만들었다. 이태백은 서호의 보름달을 최고로 여기었다. 섬 옆 물가에 5개의 둥근 창문이 있는 석등을 3개三潭印月 세워 놓고, 보름달이 뜨면 석등에 불을 켜면서, 석등 안의 둥근 달 15개(3개의 석등에 창문 5개), 이것이 호수에 비친 15개의 달에, 하늘의 달, 술잔의 달, 내 마음 속의 달을 합쳐 33개의 보름달이 생긴다고 하였다. 자연을 즐기던 청나라 건륭황제는 "이곳에 오니 바람과 달(풍월, 風月)에 경계가 없으니 風月 두 글자에서 바깥 경계를 빼고 虫二 이라고 불러라"면서 이를 바위에 깊게 새겨놓았다.

이 지방은 중국 역사에서 4대 미인인 서시西施의 고향이기도 하다. 경국지색傾國之色의 미모를 갖추었다는 서시를 이태백은 서호에 비유하여, "밝은 날의 서호는 화장한 서시의 얼굴과 같고, 안개 낀 서호는 서시의 맨얼굴과 같다"고 하였다. 또, "밝은 날 서호는 안개 속 서호만 못하고, 안개 속 서호는 비 내리는 서호만 못하다"는 말도 있다.

해마다 열리는 항주분자영상학회에 작년에 이어 올해 또 강의를 부탁받아 참석하였다. 바쁜 와중에도 다시 온 것은, 이 학회를 주관하는 절강의과대학 장홍교수 부부와의 각별한 친분 관계도 있지만, 내심으로는 작년에 혼자 본 인상서호印象西湖 공연이 너무 인상적이라 집사람과 다시 즐기려는 의도도 있었다. 장교수에게 미리 부탁하여 도착하는 날 저녁 서호 호숫가에서 상영하는 무용극인 '인상서호(Impression West Lake)'를 감상하였다.

인상서호는 중국의 4대 고사인 〈백사전白蛇傳〉을 새로 각색한 것이다.

백사전은 우리나라에서도 변형되어 전해 내려오는 옛이야기이고, 중국에서는 항주의 서호가 실제 배경이다. 이 전래설화는 중국국립경극단의 단골소재이고, 다른 무용극, 연극, 뮤지컬, 영화, 만화로도 계속 만들어져 오고 있다. 인상서호는 북경올림픽 개막식을 총지휘한 장예모감독과 일본 음악가인 기타료가 함께 만든 현대식 수상水上 무용극이다.

서호에 백소정白素貞이라는 천년된 흰 구렁이가 살고 있었다. 깊은 호수 속에서 인간세상을 동경하던 구렁이는 아리따운 처녀로 둔갑하여 이 세상을 구경하고는 하였다. 어느 비 오는 날 인간으로 변신한 백소정은 서호 다리 단교斷橋에서 우연히 허선許仙이라는 선비 청년을 보고는 한눈에 반하게 된다. 백소정은 도술道術로 비가 오게 하여 허선에게 우산을 빌리고, 이것을 빌미로 다시 만나고 서로 사랑하게 된다. 백소정과 허선은 부부의 연을 맺고 재미있게 이 세상의 여느 부부처럼 살면서 아이도 가지게 된다. 그런 중에도 백소정은 진정한 인간으로 변하여 허선과 영원히 같이 있고 싶어, 관음보살이 일러 준 비법에 따라 인간이 되는데 필요한 8개의 눈물방울을 남편 몰래 찾아 헤맨다.

그러나 어느 날 금산사의 도통한 노승 법해法解에게 백소정의 정체가 탄로 난다. 사랑하는 부인이 인간이 아닌 구렁이라는 스님의 암시에 의심이 생긴 허선에게 백소정은 본래의 모습이 폭로되고, 이에 너무 놀라 남편은 실신하여 목숨이 위험하게 된다. 백소정은 임신한 몸으로 험한 봉래산을 찾아가 어려움 끝에 묘약인 영지를 구해와 허선을 되살린다. 그러나 놀란 허선은 법해스님을 따라 금산사로 피신하고, 백소정은 홍수로 금산사를 침몰시킨다. 구렁이와 스님은 서로 무예를 겨루며 싸우다가 힘이 지친 백소정이 단단한 벽돌탑인 뇌봉탑雷峰塔에 갇히게 된다. 뒤늦게 아내의 사랑을 깨달은 남편은 백소정을 구하고자 머리를 깎고 중이 되어 이 탑을 청소하며 지키게 된다.

이러한 허선의 지극한 정성에도 불구하고 백소정은 뇌봉탑에서 빠져나오지 못한다. 장마가 심하였던 어느 날 밤 번개가 무성하게 치고, 놀라 뇌봉탑으로 달려 간 허선의 눈앞에서 탑은 그만 낙뢰에 맞아 무너진다. 무너진 탑 안을 애타게 헤매던 허선은 흰 구렁이 대신 반짝이는 보석 7개만 찾는다. 백소정이 그토록 찾던 8개의 눈물방울 중 7개인 것이다. 나머지 한 사람의 눈물방울을 얻지 못하여 인간이 되지 못한 백소정의 한과 부부의 이별을 상징하는 듯, 슬픔만큼 아름답게 보석은 빛나고 있었다.

이 내용을 어둠이 가득한 서호 호숫가를 배경으로 하여 공연한다. 사방은 어둡고 뒤로 실제 이야기의 무대인 정자와 단교(끊어진 다리)가 보이고 호수는 무성한 버드나무와 지천으로 자란 연잎으로 덮여 있다. 저 멀리 산등에는 금산사와 무너진 뇌봉탑도 보이는 듯하다. 500여 명의 무용수들이 호수 위에서 만남과 사랑과 이별을 연기한다.

이 아름답고 슬픈 이야기를 장예모 감독은 뛰어난 예술 감각으로 물과 빛과 무용과 음악으로 새로 빚어내었다. 호숫가에 무대를 만들고 무대를 10cm 가량 찰랑이게 덮은 호숫물 위에 환상적인

빛과 색의 조명이 어우러진다. 이 위를 걸어 다니며, 때로는 배를 타면서 연기자들이 청춘의 사랑과 행복, 이별과 동경을 몸으로 표현한다. 유명한 영화음악 작곡가인 기타료의 음악에 중국 최고 가수인 장량잉이 부르는 주제가가 애잔하게 극 전편에 흐른다.

‘서호는 밝은 날보다 안개 낀 날이 더 아름답고, 안개 낀 날보다 비오는 날이 더 아름답다. 비오는 서호에서 만나고, 또 헤어진 사랑의 기억……’ (이 광경은 도저히 글로 표현할 수가 없다. 관심이 있으면 인터넷에서 인상서호를 검색하면 수많은 동영상을 볼 수 있다.)

백사전은 중국 뿐 아니라 우리나라에도 전래되어 왔던 설화이다. 수많은 개정본이 있고, 이 재래설화에다가 불교가 도입되면서 내용이 다양하게 변하였다. 여기에, 송나라, 명나라 시대를 거치면서 항주지방에서 상공업이 발달하고, 이에 개화된 민중의식이 백사전의 내용을 변형시켰다. 어느 개정판에는 허선이 약국을 차리고 백소정이 구하여 준 영약을 팔아 큰 부자가 되는 내용도 있다. 이야기의 끝도 두 부부가 재결합하는 해피엔딩도 많은데, 장예모 감독은 ‘인상서호’에서 부부가 영원히 헤어지고 끊어진 다리인 단교에서 서로 못 만나 안타까워하는, 슬퍼서 더욱 아름다운 비극으로 마감하였다.

인상서호가 내 가슴에 닿은 것은 장예모 감독의 탁월한 기획 연출과 기타료의 애잔한 음악 때문이기도 하지만, 이들이 각색한 무용극의 내용이었다.

이 극의 중심 사상은 지극히 인간중심적이고 인간존중이다. 평범한 듯 보이지만 우리 남녀의 부부생활이, 일상생활이 얼마나 행복하고 소중한 것인가를 이야기한다. 도술을 갖춘 백소정이 그토록 되려고 갈망하는 사람이 얼마나 소중한 존재인가? 백소정이 그렇게 지키려고 했던 우리 일상적인 생활과 가족관계.

이 극의 중심 소재는 사랑이다. 처음에는 두 청춘의 철없는 그러나 자연스러운 사랑이다. 이어 부부가 되고 아이를 가지면서 사랑은 성숙하여지고, 구렁이의 정체를 알면서 사랑은 고통이 되고, 고난을 이겨가면서 사랑은 고귀하여진다. 백소정이 남편을 살리기 위하여 임신한 몸으로 영지를 찾아 헤매는 사랑, 이 사랑을 깨닫고 아내가 갇힌 뇌봉탑을 보살피는 중이 된 남편.

이 극의 결말은 이별이지만, 결론은 어떻게 보면 사랑의 승리이다. 두 청춘의 불장난 같은 사랑에서 평범한 부부의 사랑으로 이어지고, 고난을 이겨가면서 영원한 사랑으로 발전한다. 나는 마지막이 매우 암시적이라고 생각한다. 관음보살의 권유에 따라 백소정이 모으던 여덟 사람의 눈물방울. 마지막 하나를 끝내 못 모으고 뇌봉탑에 갇혀 사라진 인간으로의 꿈. 허선이 바깥에서 돌보는 탑 속에 갇힌 채 불법佛法에 막혀 사랑하는 남편을 못 만나고 죽어가는 백소정. 이에 더욱 슬프고 애잔하여서 탑 속에서 시간을 삭히어 보석이 된 눈물방울. 그러나 무너진 탑 속에서 부인 대신 보석이 된 7개의 눈물방울을 발견한 허선은 너무나 아내가 애처로워 연민과 참회의 눈물을 흐렸을 것이고, 마침내 눈물방울은 8개가 되어 백소정은

그제야 사람으로 변했을 것이다.

사람이 한 평생을 살면서 이런저런 어려움과 고통을 겪지만 이를 껴안고 극복하면서 성숙하게 되어, 이 세상 모든 것에 사랑과 자비심으로 눈물을 흘릴 수 있을 때, 이러한 넉넉한 사람의 마음과 눈물이 무엇보다도 가장 소중한 것임을 깨달을 때, 백소정이 그토록 되고자 하는 참 인간이 되는 것이다.

학회를 마치고, 강교수 부부와 함께 유람선을 타고 서호를 건너 금산사와 뇌봉탑을 방문하였다. 벽돌로 쌓은 오층 전탑인 뇌봉탑은 경관과 높이로 유명하여 중국 고대 산수화에도 서호와 함께 곧잘 등장하고는 했는데, 일본 왜구의 침입으로 파괴되었다. 그러나 지금은 잔재를 잘 보수하여 관광지로 만들고, 부서진 옛 벽돌조각은 예로부터 '아이를 생기게 하는데 효험이 있다' 하여 우리 돈 만원에 팔고 있었다, 중국인민공화국의 공인 인증서와 함께. 백소정과 허선 부부의 염원이 효력을 발휘한다는 것이다. 빤히 보이는 중국 사람의 장삿속이지만, 우리 부부는 갓 시집간 둘째딸 수진이에게 주려고 한 조각을 구입하였다. 마음속으로 백소정과 허선의 아름다운 사랑을 기리며…….

평양의 아가씨 안내원

세상은 빠르게 변화하고 있다. 나는 15년 내에 대한민국 국민 누구나 평양에 다녀올 수 있을 것으로 예상한다. 빨리 그날이 오기를 바란다.

"2005년 7월 나는 평양에 다녀왔다."

1972년 7월, 이런 비슷한 문장을 신문 1면 헤드라인 뉴스의 제목으로 본 적이 있다. 당시 중앙정보부 이후락 부장이 박정희 대통령의 밀명으로 북한을 방문하여 김일성 주석을 만나 회담 한 후, 남북공동 선언문을 발표하는 자리에서 말한 첫마디였다. 그가 예상한대로 이 말이 국민에게 준 충격은 대단했다. 그는 만약의 경우에는 자결할 각오로 극약을 지니고 방북했다고도 말했다. 일부에서는 냉전시대에 이후락이 민족을 위하여 대단한 일을 한 것이라고 추켜 세웠다.

그러나 남북 간의 실제적인 대화나 화해는 이루어지지 않았다. 남북한 양쪽 집권층은 모두 남북한 대화를 위해서는 정치 체계를 바꾸어야 한다면서, 독재정치를 강화하였다. 남한에서는 곧이어 진 유신정권을 합리화하는 수단이 되었다. 북한에서도 이 핑계로 김일성 체제를 더욱 공고히 했다고 한다.

이야기는 다시 돌아와, 이 여행은 이명철 선생님이 주도하는

핵의학 남북 협력사업 차 이루어진 것이다. 또 우리 병원이 평양적십자병원의 장비를 지원해 주고 있어, 병원 의공학 팀과 같이 방북하였다. 앞으로의 협력을 확대하기 위하여 마취과와 정형외과 교수도 동참하였고, 민간병원과 사업체에서도 방북했다. 이러저러한 이유로 모인 15명의 방북단이 남북의료분야 협력단체인 〈나눔〉의 주선으로 같이 떠났다.

서울에서 직접 평양으로 가는 항공편은 없어서 중국 심양을 거쳐 다녀왔다. 아침에 서울을 떠나 심양에 도착하여 점심을 먹은 후, 오후 비행기로 평양으로 가는 여정이다. 공항에서 우리가 탈 '고려항공' 이라고 쓰인 러시아제 비행기를 보니, 북한에 들어간다는 것이 실감나, 비행기를 배경으로 사진촬영을 했다.

더운 날씨에 비행기에 탑승하니 한복을 입은 여성 승무원이 부채와 노동신문을 나누어 주었다. 알고 보니 항공기가 낡아 냉방이 잘 안 되었다. 고려항공이라는 빨간 글씨만 인쇄되어 있는 동그란 부채는 모양이나 분위기가 우리 1960년대를 상기시켰다. 다소 두려운 마음으로 노동신문을 펼치니, 앞 면 전체가 김정일이 염전을 방문한 기사로 편성돼 있었다. 김정일 사진을 균형이 안 맞을 정도로 크게 인쇄하고 내용은 별로 없었다. 우리 어렸을 때가 생각났다. 다른 생산공장이나 산업체가 없었기 때문에, 그때는 염전이 큰 사업이었다.

한 시간을 비행하여 평양 순안공항에 내렸다. 처음 밟아 보는 북한 땅. 북한에 연고가 없고 남북문제에 관심이 많지 않았지만,

두려움 보다는 벅차다고 할까 복잡한 감정이 느껴졌다. 공항은 우리 같으면 지방 도시의 공항 수준이었다. 조그마한 이층 건물에 탑승 수속대도 두세 개 정도 이고.

우리 팀은 북측의 민족화합위원회 초청이고 〈나눔〉이 이곳과 잘 통해서 VIP 대접을 받아 쉽게 입국수속을 마치고, 이층 귀빈실에서 휴식을 가졌다. 그런데 일층 입출국 수속대를 보니 시끌벅적했다. 공산주의 국가라 질서정연할 것으로 생각했는데. 알고 보니 줄서 있어도 힘이 있는 사람이 오면 순서가 바뀌곤 하여, 큰 소리가 나온 것이다. 20년 전에 IAEA 회의에서 만난 평양의대 교수가, 북한에서는 의대만 졸업하면 모두 의사자격증을 준다면서 남한은 국가고시를 본다는 내 설명에 "그러면 부정이 많겠수다"라고 말한 적이 있다. 우리는 국가고시에서 부정은 생각도 안 하는데. 북한의 실제 사정을 엿볼 수 있었다.

공항에서 우리를 태운 마이크로버스가 김일성 동상으로 직행하였다. 일종의 입국 코스란다. 무지하게 큰 김일성 동상은 황금색으로 칠해져 있었다. 무언가 자연스럽지 않게 어색하고 생경했다. 〈나눔〉 대표는 헌화하면서 줄을 서달라고 부탁하지만 그럴 생각이 없는 우리는 평양 시내를 내려다보고, 깨어진 보도블록을 쳐다보는 등 딴 짓을 하고 있었다. 북한 안내원이 다급하게 뒤에서 말했다. "그저 형식이니 협조 좀 해주시라고요."

평양 대동강 한 가운데에 양각도羊角島가 있고 섬 안에 47층의

외국인 전용 호텔이 있다. 섬은 이름 그대로 양 머리 뿔 모양의 삼각형으로, 호텔 외에 9홀의 파3 골프장과 영화상영관(아마도 과거 국제영화제에 사용했을 것 같은)이 있었다. 외국방문객과 북한 주민의 접촉을 차단할 목적으로 이곳에 큰 호텔을 지었으나 숙박객은 우리 외에 중국, 동유럽에서 온 수십 명에 불과해 보였다.

첫날, 북측 민족화합위원회 상무가 저녁만찬에 우리를 초청했다. 30여 명의 사람 수에 비교해 어울리지 않게 큰 그랜드볼룸에는 여러 화가가 공동 작업한 금강산의 커다란 그림이 벽을 가득 채우고 있었다. 이 큰 방 한가운데에 양측을 위해 타원형 식탁을 준비하고, 상위에는 우리가 먹을 돼지고기, 생선, 야채, 나물, 김치 등을 큰 접시에 담아 두었다. 우선은 방과 그림의 크기에 다소 위축되고, 음식이 풍성해 보였다. 식사 때 종업원이 음식접시를 하나 씩 비워 손님에게 나누어 주었다.

식사 전에 서로 인사를 나누었다. 북측에서는 상무 외에도 민족화합위원회 간부, 조선의학회 간부, 안내원 등이 참석했다. 대남사업을 하는 권력 핵심부에 있고 장관급이라는 상무만 배가 뚱뚱하고, 나머지 북한사람은 야윈 편이었다. 나는 상무 맞은편에 앉았는데, 상무가 맨 노란 넥타이를 자세히 보니 입센로랑 제품이었다. 그런데, 상무가 주관하여, 각자 자기를 소개하면서 소감을 이야기하자는 것이 아닌가! 할 말이라는 게 뻔해서, "같은 민족 끼리 의료분야에서 잘 도와주자"는 것인데, 사람마다 같게 이야기할 수는 없었다. 남들이 발표하는 동안 나는 어떻게 말할까 궁리했다. 상무는 한사람 말이 끝날 때마다 코멘트를 하기도 했다. 공산당이 말을 잘 하는 이유를 이제야 알았다.

이튿날 평양적십자병원을 방문했다. 북한에서는 제일 큰 병원으로 천 베드 병상의 진료 중심병원(center)이라는데 시설은 아주 열악했다. 중환자실은 1970년대 우리 시립병원 일반실보다도 못하고 의료장비도 구식이었다. 우리 병원에서 교체하는 중고 CT를 이곳에 기증하여 설치했으나 전기 공급이 불안정하여 고장이 잦단다. 우리 병원 의공학과에서 아예 부품창고를 이곳에 짓고 있었다.

핵의학과를 방문했다. 우리가 가지고 간 국산 테크네슘 발생기, 영상용 키트, 방사면역측정 키트를 테스트하기 위해서다. 우리가 핵의학 초창기에 쓰던 우물형(well type) 감마선 계측기와 도트스캐너(dot scanner)가 있고, 그래도 최신 장비로 지멘스 제품의 감마카메라가 있으나 컴퓨터 부분은 미국의 규제로 제외되어 있었다. 스캐너 옆에 장미꽃을 담은 화병이 있고, 보여줄 목적인지 몇 장의 컬러 스캔영상이 놓여 있었다. 날짜를 보니 2~3년 전 이었다. 요즈음은 안하냐고 물었더니, 지금도 잘 쓰고 있다고 펄쩍뛴다. 의사가 여러 명 있는 듯하나 실제는 거의 일이 없는 것 같았다. 사람은 많으나 일이 없고, 생산성이 떨어지니 더 가난해져 일거리가 줄고. 악순환이 이어지고 있다. 이를 끊으려면 외부의 지원이 필요한데.

다음 날, 우리 시약을 사용하여 검사했다고 자료를 가져왔다.

종이에 쓴 기록으로 방사면역 검사는 확인을 했으나, 촬영 영상은 저장했다고 floppy disk만 가져왔다. 확인할 컴퓨터가 없어 칼라스캔 영상이나 보자고 하니, 사실은 칼라리본이 없어 스캐너 기계를 못 쓰고 있단다. 서울에 가면 구해 달라고. 실제는 핵의학 영상촬영은 거의 안하는 것 같았다.

한국의 방사선의학연구소에 해당하는 기관도 방문하고, 회의도 하였다. 상호협력이지만, 우리가 일방적으로 도와주는 셈이다. 앞서 말한 재료는 일정하게 공급해 주기로 했으나, 덧붙여 PET 장비를 설치해 달라는 요구이다. 너무 고가이고, 사이클로트론이 먼저 있어야 하니, 우선 SPECT부터 기증하자, 인적교류도 병행하자는 등 타협안을 냈으나 결론을 내지 못했다.

북측은 우리를 초청하고도 정작 회의에는 적극적이지 않았다. 사실은 관심이 없는 것 같았다. 우리가 심양을 거쳐 평양에 다녀오는 비용이 200만원 정도였다. 같은 북한여행을 중국 사람은 40만원에 한다고. 서울-심양 간 항공편 여비를 감안해도 바가지요금. 남북대화를 구실로 외화벌이를 하는 것이다. 우리 팀에 연관성이 적은 사람도 초청된 이유를 알 것 같았다.

호텔은 한가하여 우리 방이 있는 43층에는 다른 투숙객은 없었다. 저녁식사 후 방에 오면 할 일이 없었다. TV를 켜면 뉴스는 김정일이 염전을 방문한 내용 하나만 나오고, 군대행진곡이 이어졌다. 하루는 저녁 늦게 호텔방에 올라오는데 여성 종업원 둘이 맥주와 안주를 상에 차려놓고 엘리베이터 옆에 서 있었다. 혹시 손님이 필요하면 이용할 수 있도록 준비했다나. 결국 우리보고 팔아 달라는 이야기다. 맥주와 안주를 먹으면서, 두 종업원과 여러 이야기를 나누었다. 한명의 이름이 은혜였다. 부모님이 김일성, 김정일 부자에게 많은 은혜를 입어 딸의 이름을 그렇게 지었단다.

버스를 타고 호텔과 병원을 오고갈 때, 우리는 열심히 거리를 구경했다. 시내는 차가 거의 없어 한산하고 여자 경찰관만 멋있게 수신호하고 있었다. 곳곳에 공산당 구호와 김일성, 김정일 부자를 찬양하는 현수막이 걸려 있는데, 절반은 아직도 김일성에 관한 것이었다. 그런데 이상한 것이, 길거리에 보이는 사람들 대부분이 서 있지 않고 앉아 있는 것이었다. 버스 정거장에서 사람들이 주저앉아서 기다리고, 길거리 한가운데에서도 앉아서 얘기를 나누고 있었다. 더운 날씨에 기운이 없어서였을까?

또 다른 필수 관람 코스로 만경대가 있다. 알다시피 김일성 주석이 태어나 자란 곳이다. 이곳만은 깨끗하게 정돈되어 있었다. 모양이 일그러진 장독을 보여주면서, 집안이 가난하여 가격이 가장 싼 불량품을 구입했다는 설명이 인상에 남았다. 약간 높은 언덕인 만경대 아래에 어린이를 위한 큰 놀이공원이 있었다. 김일성 주석은 아이들을 특히 좋아했다고. 어린이를 위한다는 대내외적 선전 효과를 노렸으리라. 그런데 이 중요한 시설이 대부분 페인트가 벗겨져 녹이 슬고, 전기가 안 들어와 작동을 멈췄다. 얼마나 경제적으로 어려운 지를 단적으로 대변해 준다.

점심에 옥류관으로 냉면을 먹으러 갔다. 옥류관은 전통 있는 평양냉면집으로 수천 명이 같이 먹을 수 있단다. 마침 일요일이어서인지 식당 주변에는 많은 사람들이 앉아서, 또는 줄을 서서 기다리고 있었다. 가족들도 많이 보였다. 아마도 냉면식사가 이곳에서는 큰 가족행사이리라. 우리 일행은 귀빈실로 안내되고 우리 원형식탁에 한복을 입은 안내원 아가씨가 와서, 내 국수를 견본으로 갖가지 양념과 섞어 주었다. 더운 날씨에 식탁에 하루 종일 놓여 있는 양념이 다소 마음에 걸렸다. 내 입맛에는 옥류관 평양냉면은 소문만큼 맛있지 않았다.

다음 날 묘향산에 다녀왔다. 평양에서 자동차로 2시간가량 걸린다. 묘향산은 산세가 기묘하고 향기가 있는 산이라는 뜻으로 우리나라 5대 명산중 하나이다. 유명한 보현사를 구경하는 줄 알았으나, 국제친선관으로 우리를 인도했다. 국제친선관은 김일성, 김정일 부자가 외국에서 받은 선물을 전시해 놓은 건물로 거의 신성시 되고 있었다. 수만 가지의 물품을 거대한 한옥 건물에 보관하여, 19도로 실내기온을 유지하고 관광객도 신발덮개를 하고 그룹으로만 입장할 수 있었다. 김정일 전시관은 최근에 따로 분가했다고 한다.

많은 사람들이 모여 있었다. 북한 주민은 모두 마르고 체격이 작았다. 외면으로도 우리 남한사람을 쉽게 알아봐, 자기들끼리 속닥거리고 있었다. 안내원 아가씨들은 작은 공책에 각 선물의 내력과 특징을 가득 적어 넣고 열심히 외우고 있었다. 어느 물건을 가리켜도 바로 설명할 수 있단다. 욤브라이트 미국 국무상이 선물한 농구공이 있었다. 안내원은 이를 보여주면서, "조선과 미국의 대화에서 이제 주도권인 공은 우리에게 넘어 왔다는 뜻으로 주었다"고 설명했다.

구경 도중 배가 아프기 시작했다. 직감에 어제 먹은 옥류관 냉면이 주범이었다. 더위에 약간 상한 양념이 다른 사람에게는 문제가 없으나, 위가 없는 나는 위산으로 소독을 못해 배탈이 난 것이다. 안내원 아가씨에게 사정하여, 관람 도중 화장실을 왔다 갔다 했다. 미안하여 안내원에게 위 수술한 사정을 이야기하고 양해를 구했다.

내 말을 들은 20대초 예쁜 용모의 아가씨는 이렇게 말했다.

"아! 아픈 몸을 이끌고, 김정일 장군님이 이끄시는 따뜻한 조국의 품으로 안기셨구만요."

나는 쓴 웃음을 짓지 않을 수 없었다.

....

평양은 생각보다도 더 피폐했다. 주민들은 한눈에 보아도 영양결핍증에 생기가 없었고, 건물이나 시설은 낡고 보수가 안 된 상태였다. 단, 그동안의 전 인민 세뇌교육으로 김일성 일가에 대한 충성심은 절대적이었다. 그러나 허구와 진실은 결국 밝혀지는 법. 바깥세상의 실상이 알려지면 절대적 충성심은 오히려 일순간에 무너지지 않을까?

현재 북한은 공산국가가 아닌 왕조가 되어 3대의 김정은으로 정권이 이양되었다. 모두들 순조로울지 주목하고 있다. 폐쇄된 사회이지만 서서히 밀려오는 개방과 자유의 흐름은 거꾸로 갈 수가 없을 것이다.

중앙정보부장이 비밀리에 평양에 다녀온 후, 33년 만에 평범한 대학교수인 내가 다녀왔다. 세상은 빠르게 변화하고 있다. 나는 15년 내에 대한민국 국민 누구나 평양에 다녀올 수 있을 것으로 예상한다. 그때는 이 방문기가 단지 과거의 평양을 생각나게 하는 쓸모없는 옛 이야기쯤으로 남북 상황이 바뀌어져 있지 않을까? 빨리 그날이 오기를 소망한다.

세인트앤드루스의 추억

"모든 것은 여기서 시작되었다(It all started here...)."
세인트 앤드루스 골프장 안내책자의 제목이다.

2011년 가을 우리 부부는 기회가 있어 골프의 발상지인 스코틀랜드 세인트앤드루스를 방문하였다. 골프를 배우고 있는 우리에게는 일종의 성지순례 같은 여행 이었다.

서울에서 런던을 거쳐 기차 편으로 스코틀랜드의 대표적 도시인 에든버러로 여행하였다. 4시간 반을 가는 동안 높은 산은 보이지 않고 밭과 초원이 있는 낮은 구릉이 끝없이 창가에 전개되었다. 영국 특유의 경관이다. 가을임에도 초목은 푸르렀고 양과 젖소를 방목하고 있어, 평야가 적은 우리에게는 부러운 장면이었다. 또 이런 자연 환경에서 골프가 자연스럽게 생겨난 것이다.

에든버러의 옛 시가지는 수백 년 전에 지은 석조 건물로 가득 차 있었다. 가장 높은 곳에 있는 에든버러 성에서 시 전체가 다 내려다 보여 많은 관광객이 모여든다. 성 앞 길가에는 이들을 상대하는 상점들이 줄을 이루고 있었다. 이곳 특산물인 양털을 이용한 각종 모직품들이 여행객을 유혹하고 있고, 위스키의 본 고장답게 200여 종류를 모아둔 위스키 헤리티지도 있었다.

잘 알려진 바와 같이, 스코틀랜드는 체크무늬의 킬트치마로 유명하다. 각 가문과 지역에 따라 독특한 색깔과 다양한 가로 세로 선이 있는 킬트를 입어 스코틀랜드 전통문화의 상징이 되었다. 그러나 사실은 영국 여왕이 이 지역을 방문했을 때 귀족들을 분간하기 위해서 만든 것이란다. 즉 지배자인 영국의 편의를 위해 이루어진 슬픈 전통인 셈이다. 그러나 현재는 유명 문화상품이 된 이 디자인을 이용하여 옷, 목도리, 수건, 담요, 모자 등 헤아릴 수 없이 많은 물품을 만들어 전 세계로 판매하고 있다.

가게들의 쇼윈도를 살펴보면서 천천히 내려가면 두 개의 거대한 돌 건물과 마주친다. 스코틀랜드 국교의 산실인 세인트 자일스 성당과 오백년 전에 스코틀랜드의 제임스 4세와 영국 헨리 8세의 여동생이 정치적으로 결혼해 살았던 홀리루드 궁전이다. 이 궁전은 왕관 모양을 한 탑이 특징적이다. 독일 드레스덴에 있는 작센공국의 츠빙어 궁전에서 비슷한 양식의 탑을 본 적이 있다.

도심의 거리에는 4~5층의 탄탄한 석조건물이 줄지어 서 있었다. 마치 화려하던 과거를 과시하는 것 같다. 그러나 긴 세월이 지나면서 돌에 검은 매연이 달라붙어 마치 불난 집 그을림처럼 보인다. 이것을 벗겨내는 것이 비용이 많이 들어 그대로 둔단다. 이런 집에서 몇 대 조상부터 대대로 살아오니 전통도 저절로 생기고 여간 해서는 변하지 않는 고지식하고 일면 고집불통인 스코틀랜드 사람의 성격이 형성됐으리라.

다시 기차를 타고 북쪽으로 1시간을 가면 세인트 루커스 역을 만나고 여기서 하차해 택시로 세인트 앤드루스로 갔다. 세인트 앤드루스는 인구 이만 명의 조그만 도시이고, 이 중 칠천 명이 대학생인 대학도시였다. 영국에서 옥스퍼드, 케임브리지 대학에 이어 1413년에 세 번째로 세워진 이 대학은 골프와는 상관없는 사회과학 계열이 좋은 대학이라고 한다. 그러나 골프의 성지를 순례하는 관광객이 많아 20여 개의 골프 리조트가 운영되고 있었다. 우리는 페어몬트라는 리조트에 묵고 다음 날 아침에 그곳 골프장에서 운동을 하였다.

'모든 것은 여기서 시작되었다(It all started here...).'

세인트앤드루스 골프장 안내책자의 제목이다. 이곳 바닷가 초원에서 골프가 시작된 것이다. 양을 치던 목동들이 쉬는 시간에 재미삼아 토끼 굴에 나뭇가지로 공을 넣던 유희가 규정화 되어 지금 전세계에서 수억 명이 즐기는 골프로 발전했다. 600년 전에 처음으로 만든 구코스(Old course) 골프장은 22홀이었으나, 이곳의 지형적 특성 때문에 지금의 18홀로 줄이고 이것이 모든 골프 경기장의 표준이 되었다.

시가지 큰 길에서 '골프길(Golf road)' 이라는 팻말이 붙은 골목을 꺾어 걸어가니 TV에서 눈에 익은 석조건물들을 옆으로 하고 넓은 구코스 골프장이 한 눈에 들어온다! 마치 꿈에서만 보고 그리워하던 연인을 만난 듯하다. 600년 전에 만들었으나 40년 전에 다시 보수한 1번과 18번 홀은 쌀쌀한 가을 날씨에도 초록색을 머금은 채

양탄자처럼 잘 다듬어져 있었다. 1번 홀 시작 티박스와 18번 홀 그린이 나란히 붙어있고, 길을 걷는 사람들이 바로 옆에서 구경을 하고 박수도 치는 진정한 의미의 대중골프장(Public course)이다.

구코스를 옆으로 하고 나란히 쌍둥이처럼 닮은 신코스(New course)를 1895년에 만들고, 또 이 코스와 바닷가 사이에 주빌리 코스(Jubilee course)를 1897년에 조성했다. 같은 해 즉위한 빅토리아 여왕의 대관식 왕관에 장식한 주빌리 다이아몬드에서 이름을 따와 붙였단다. 이런 옛 코스에서 챔피언 대회가 열려 브리티시 오픈 경기를 5년 마다 이곳에서 개최하고, 2008년 여기서 열린 LPGA 경기에서 우리나라 신지애 선수가 우승한 적도 있다. 골프의 인기가 높아져 경기장이 부족하면서 Eden course(1914년), Strathytyrum course(1993년), Balgove course(9홀)와 Castle course(2008년)를 차례로 만들었다. 그 결과 현재 7개의 골프장으로 세계에서 제일 오래됐고 가장 큰 대중골프장이 되었다.

전 세계 골퍼들이 동경하는 역사적인 구코스를 답사했다. 골프장을 가로지르는 찻길을 따라 걸어보고, 스윌칸(Swilcan) 다리와 항아리 방카도 멀리서 구경하면서 아담한 돌로 만든 시작점(Starter), 캐디집(Caddie pavilion)을 지나갔다. 모두 브리티시 오픈 경기에서 본 친숙한 광경이다. 골프장을 바라보고 있는 상점에서 기념품과 90년 된 치퍼(chipper)를 구입했다. 무쇠를 손으로 두들겨 클럽헤드를 만들고, 나무 채에 붙인 골동품이나 실제 사용해 보니, 골프공과 촉감도 좋고 스코틀랜드 그린은 공이 빠르게 굴러 유용했다. 좋은 추억거리가 생긴 것이다.

이 곳 골프장에서 운동하기란 '하늘의 별따기' 라고 들었다. 구코스(Old course)는 매년 9월에 일 년치를 한꺼번에 예약을 받고 추첨을 하기 때문에 우리 같은 여행자는 기회를 얻기가 힘들다. 기대하지도 않고 사무실에 문의하니 다음 날 신코스(New course)에 빈자리가 있단다! 나중에 알아보니 이틀 후 부터 그린피가 반으로 내리는 비성수기 가격이 적용되어 많은 현지인들이 경기를 미루고 기다리고 있기 때문이었다.

다음 날 아침 8시 반에 운동을 시작했다. 106년 전에 골프의 아버지인 톰 모리스(Tom Morris)가 설계해서 더욱 유명한 신코스에서 운동을 하는 것이다! '신코스' 라는 이름이 붙은 골프장으로는 이 세상에서 가장 오래된 것이리라. 백년을 사용해서인지 페어웨이 잔디는 땅에 바짝 달라붙어 있어 바닥은 단단하고 그린 잔디도 엄청 빠르다. 덕분에 거리가 짧은 내 드라이버로도 공이 많이 굴러가고 그린을 맞으면 넘어가기가 일수였다. 거센 바닷바람은 때때로 방향이 바뀌고, 곳곳에 깊은 모래방카가 있고, 페어웨이 바로 옆에 거친 잡초가 줄지어 있다. 전형적인 스코틀랜드의 린크스(Links) 코스이다(links는 바닷가 모래언덕이라는 뜻의 스코틀랜드어이다). 그러나 이 날은 비교적 따뜻하고 바람도 잦은 편이라 운동하기가 좋았다. 진행은 매우 빨라서 캐디가 없는 중에도 4시간 안에 끝났다.

짧은 여름밤의 꿈과 같은 경기를 끝내고 클럽하우스 식당에서 점심식사를 하였다. 이제는 이 곳 사람이 된 것 같은 기분으로 음식이 맛나고 분위기도 제법 익숙해졌다. 클럽하우스 앞에는 Ladies' putting club이 있었다. 우리나라에서도 한때 유행했던 미니골프 같이 그린으로 아주 짧은 코스를 만들고 퍼터만을 사용해 18홀을 도는 경기다. 과거에는 클럽멤버의 부인들만 이용했으나 지금은 개방되어 가족과 친구 사이인 많은 남녀노소가 즐기고 있었다. 가격도 18홀을 도는데 1파운드(2,000원)로 부담이 없었다. 이미 450년 전부터 구코스도 일요일이면 경기를 안 하고 일반인에게 개방하는 등 골프와 대중과의 친밀감을 높이고 참여를 유도하는 정책을 시행하고 있었다. 우리나라 골프단체와 정부에서도 이런 예를 본받아 일반인과의 거리를 좁히는 현명한 대책이 필요하겠다.

운동을 끝내고도 발이 떨어지지 않아 골프장 주위와 근처 세인트 앤드루스 대학을 서성거렸다. 오랜 전통의 명문대학답게 조용한 캠퍼스에 강의실, 도서관, 기숙사와 교회 같은 대학 건물이 기품 있게 서 있었다. 어느덧 해가 저물어 근처 인도음식점에서 이곳 대학생이 즐겨 찾는다는 뱅갈음식을 맛보았다.

한국인 같은 아일랜드 사람

나는 더블린 공항에서 아이리시 양주를 한 병 구입했다.
달콤하고 강력한 위스키 맛은 다시 한 번 아일랜드에서의 짧은 추억과 교훈을 되살려 줄 것이다.

2012년 9월 세계분자영상학회가 아일랜드 더블린에서 열렸다. 내가 아시아학회 회장을 맡고 있고 2년 후에 이 학회를 서울에서 개최하는 관계로 반드시 참석해야 했다. 아일랜드 여행은 흔치않기에 친구들이 방문기 작성을 권유하였다. 나도 다시 찾아오기는 어렵다는 생각으로 여러 풍물을 세심히 관찰하였다. 학회 기간 동안 바깥 구경을 할 기회는 적었지만, 나름대로 보고 느낀 점을 간단히 기술하겠다.

아일랜드는 전체 인구가 460만 명이고, 이 중 1/3이 수도 더블린에 모여 산다. 면적은 남한의 약 80%이어서 인구밀도가 낮다. 기후는 온대성 해양기후이고 1년 내내 맑은 날보다 흐린 날이 많다고 한다. 주요 민족은 켈트족(Celts)으로 영국에 살다가 게르만족의 일파인 앵글로-색슨에 의해 이 섬으로 쫓겨 왔다. 겔릭(Gaelic)라는 자기 말이 있지만 오랜 영국 식민 통치의 영향으로 대부분이 영어를 사용하고 있다.

나에게 아일랜드는 소설가 제임스 조이스와 시인 예이츠의

조국이라는 정도의 지식 밖에 없다. 또 신비롭고 영적인 노래를 하는 가수 엔야가 아일랜드 사람이고, 그녀가 때때로 부르는 알 수 없었던 가사가 겔릭어라는 사실을 최근에야 알았다. 영국 런던 히드로 공항을 통하여 아일랜드에 입국하였다. 특이한 사항은 비행기 만 바꾸어 타는 런던에서도 영국 당국이 입국심사를 하는 것이었다. 마치 아일랜드가 부속국가인 것처럼 더블린 공항 보다도 더 엄격하였다.

더블린에 도착하여 한국 대사님와 트리니티 대학의 한국인 M 교수님을 통하여 여러 정보를 얻을 수 있었다. 공통적인 말씀이 아일랜드 사람은 우리나라 사람과 여러 면에서 비슷하다는 것이다. 감정적이고 순박하고 또 마음속에 한恨도 가지고 있다고 한다. 아일랜드가 영국 식민지로 800년 동안을 지냈고 그 유명한 아일랜드 대기근(The Great Hunger)이 1847년에 발생하였다. 국토가 척박하여 얼마 안 되는 농지에 주로 심은 감자에 전염병이 돌아 식량부족으로 800만 인구 중 200만 명 정도가 굶어 죽었다. 또 200만 정도의 난민이 미국으로 이주해서 인구가 갑자기 반으로 줄었단다. 이곳 사람에게 한恨을 어떻게 설명 하냐는 나의 질문에 M 교수는 "너무 슬퍼하며 울어 눈물이 말라 더 이상 안 나오고 목소리가 쉬어서 안 나오는 정황이지만 아직 희망을 잃지 않은 상태"라고 대답했다. 희망을 잃지 않는다는 점이 의미심장했다.

이곳 한국 대사님은 진단검사과 김의종 선생과 친한 고교동창생으로 내 방에도 방문한 적이 있다. 학회에 참석한 한국인을 모두 대접하겠다는 대사님에게 100여 명이 왔다는 이야기를 하여 10명만 저녁 만찬에 초대받았다. 대사관의 예상을 훨씬 넘는 참가자 수에서 우리 의학의 수준과 국력의 신장을 느낄 수 있어 서로 흐뭇해했다. 대사관저는 더블린 교외의 고급 주택가에 3,000평 정도로 큰 저택이었다. 수백 년 된 나무가 넓은 잔디밭 위에 서 있고 영화에서 보는 2층 저택에 택시로 문 앞까지 안내되었다.

넓은 거실에 긴 테이블을 놓고 저녁 만찬을 가졌다. 테이블 위는 꽃과 촛대로 장식되어있고 각자의 좌석에 이름패와 음식코스 안내서가 가지런히 놓여 있었다. 제대로 격식을 갖추어 대접하는 것이다. 대사 부부와 두 명의 영사가 우리를 영접했는데, 한국식의 수인사에서 여러 가까운 지인들을 서로 알고 있었다. 우리나라 사람끼리는 2.5명만 걸치면 서로 아는 사이라는데 우리는 1명만 건너면 친구나 친지였다. 이러니 한국 사람은 남의 시선을 의식할 수밖에 없지 않을까? 대사 부부의 따뜻한 환영과 배려에 맛있는 우리 음식과 포도주를 즐겼다. 대사님이 나중에 권한 아이리시 위스키는 달기까지 했다. 이곳 대사관은 다른 나라에 비해 일이 적고 사람도 적은 C급에 속한다고 했다. 보통 4~5년 동안 부임해 있기 때문에 외로운 직원들은 진심으로 방문객을 반기는 것 같았다.

아일랜드 사람들은 듣던 대로 겸손하고 친절하였다. 예를 들어 택시비용이 10.5유로가 나오고 잔돈이 없으면 10유로만 받고 운전수가 손해를 보는 것이었다. 다른 나라 하고는 정반대였다. 호텔에서도 방과 침대 청소에 주는 팁도 사양하여 나를 놀라게 했다.

아마도 장기간 영국의 식민지 생활을 한 이유도 있겠지만, 과거의 어려웠던 환경이 공동의식을 만들어 손님을 한 식구처럼 생각하는 등 감성적으로 우리와 비슷한 것 같았다.

학회장은 강변 가에 최신식으로 지은 CCD(Convention Center of Dublin)로 건물 중간을 달팽이 모양 유리벽으로 대치한 과감한 외형부터, 단순하나 고상한 회의실 무대까지 참신한 아이디어로 빚어낸 훌륭한 작품이었다. 규모는 크지 않지만 모든 것이 편리하게 배열되어 있었다. 각 층의 에스컬레이터 앞에 휴지통을 설치하고 회의실 앞에는 컵 뚜껑을 놓아서 학회장 안에서도 안전하게 음료를 먹을 수 있도록 배려하였다. 실내 의자는 앞의 열과 엇갈리게 배치해 서로 앞을 잘 보게 하였다. 휴식을 위해 커피 및 더운 물, 과자, 과일 등을 곳곳에 놓아두는 정성도 있었다. 출입구 옆에서 여행 가방을 보관해 주고, 직원들도 친절하여 참석자의 불편을 먼저 챙기고 확인하곤 했다. 내가 경험한 학회 중 최고의 진행이었다. 우리가 2006년 세계핵의학회를 개최한 경험이 있지만 아직도 참조해 개선할 점이 많았다.

이곳 트리니티 대학의 유일한 한국인 교수인 M 선생의 안내로 캠퍼스를 방문했다. 1592년 영국 여왕 엘리자베스 1세 때 설립하고 아일랜드 최고인 이 대학은 전문가 평가에서 서울대학교와 비슷한 수준이라고 한다. 더블린 시내에 있는 40에이커 대학부지 한가운데에 종탑이 있고 넓은 잔디밭과 아름다운 정원 사이에 17~18세기의 멋진 석조건물이 이곳저곳에 서 있었다.

유명한 켈스서(Books of Kells)를 구경했다. 9세기 송아지 가죽에 필사본으로 쓴 두 권의 성경이다. 정성 드려 적은 라틴어 문자에 총천연색의 화려한 그림도 많았다. 각 단원의 첫 글자를 물고기 모양으로 장식한 것이 흥미로웠다. 예수님이 어부인 베드로를 제자로 삼고 "너는 이제부터 사람을 낚는 어부가 되라"라고 말씀한 신약 구절이 있다. 여기서부터 물고기는 기독교 신자를 뜻하게 되었다. 5층 건물 높이의 아치형 천장에 긴 낭하 모양의 도서관(long room)에는 20만권의 고대서적이 책장 가득 진열되어 있었다. 곳곳에 책을 찾는 높은 사다리가 있고, 학문의 숭고함과 이에 대한 진지한 자세를 느끼게 한다. 옆에 동행한 김 선생은 소름이 끼친다고 하였다.

교수 휴게실에 들어가니 벽 중앙에 지배자이었던 엘리자베스 1세 여왕의 초상화가 걸려 있는 것이 아닌가! 우리 경우라면 서울대학교에 일본 왕의 사진이 걸려있는 셈이다. 우리나라에서는 이해할 수 없는 광경이었다. 아일랜드와 영국의 관계가 한일관계와는 다른 것이다. 침략자와 지배를 받는 사람이 몇 백 년 계속 지냈을 때 생기는 어떤 현상인가? 애증이 섞여 있는 관계. 그러나 북아일랜드 사태로 오랫동안 반목하기도 했다. 하여튼 인구가 460만 명에 불과한 아일랜드로써는 독자적으로 경제 활동을 하기는 힘들 것 같다. 규모가 크고 바로 옆에 있는 영국과 결국은 타협을 하지 않았을까? 현실을 직시하고 순간적 감정을 극복해 먼 안목으로 양국이 합의했는지도 모르겠다. 우리가 참조해야 할 사항이다.

어떤 사람은 그동안 영국인이 많이 이주해 서로 섞여 살았기 때문이라고 해석한다. 영국의 식민지 정책이 그만큼 노련했다는 뜻이다.

하루 저녁 한국인의 밤을 가졌다. 약 50~60명이 모여 이곳의 특산물인 흑맥주를 즐겼다. 젊은 연구자들이 대다수여서 우리의 밝은 미래를 상징하는 듯했다. 그러나 연구 내용이 좋은 발표는 생각보다 많지 않았다. 한 주제를 깊이 연구하는 자세를 이제는 우리도 배워야한다.

자연스럽게 돌아가신 고창순 선생님 이야기가 나왔다. "선생님과 부자지간처럼 지냈다"는 내 말에 나는 "그런 제자를 가졌는지?" 하는 질문을 누군가 했다. 나는 갑자기 대답이 궁했다. "우리의 주변 환경이 변했다"고 말했으나 내 자신에게도 변명으로 들렸다. 전남대, 전북대에 있는 제자들이 나를 학문적 아버지로 여기는 사람이 많다고 위로를 했다. 내가 진지하게 반성하고 생각해 보아야 할 화두이다.

초록색은 아일랜드를 상징한다. 국기, 회의실 무대, 간판 등 이 나라 곳곳에서 초록색을 볼 수 있다. 아일랜드 성자 성 패트릭의 날에는 연두 빛 풍선으로 거리가 가득 찬단다. 이 초록색은 넓은 초원에서 온 것 같다. 경작할 수 있는 땅은 비좁으나 온화한 기후로 초원이 대부분을 덮고 있어 목축업은 세계 수준이다. 국민들은 초원에서 아일랜드식 하키인 헐링(Hurling), 겔릭축구를 즐긴다.

TV에서 본 헐링 경기는 손에 잡히는 작은 공을 던지고, 배트로 치고, 발로도 차면서 상대방 골대에 넣는 경기로 아주 빨라 박진감이 있고 재미가 있었다. 마침 빅 매치를 하는지 8만 명이 가득 찬 경기장에 관중의 함성이 대단했다.

같이 간 대학원생이 아주 알찬 여행이었다고 소감을 말했다. 나는 더블린 공항에서 아이리시 양주를 한 병 구입했다. 달콤하고 강력한 위스키 맛은 다시 한 번 아일랜드에서의 짧은 추억과 교훈을 되살려 줄 것이다.

에필로그

의학 논문 이외에는 다른 글을 써본 적이 없던 내가 벌써 두 권의 수필집을 내었다. 나 자신도 예상하지 못했던 일이다.

나는 왜 글을 쓰고 있는 것일까? 나 자신에게 물어본다.

우선 즐겁기 때문이다. 과거의 추억을 회상하고 밖에서 보고 들은 것을 정리해 활자화하는 일련의 작업이 너무나 재미있다. 공자님 말씀이 "어떤 일에 재주가 있거나 좋아하는 사람보다, 그 일을 즐기는 사람이 낫다"고 했듯, 나 역시 글 쓰는 것을 즐길 뿐이다.

어느 일에 대한 글을 만들면서 다시 생각하고 요약하다 보면 그 안에 내제하여 있는 사물의 이치와 진리를 깨닫게 되는 경우가 있다. 분수대의 물방울이 강한 수압으로 자기 마음껏 뿜어져 나오는 것 같지만, 물리적 공식으로 이동 경로를 계산하고 예측할 수 있다. 불나방이 전등으로 달려들 때에도 일정한 각도로 접근한다고 들었다. 이처럼 글을 쓰면서 인간사와 세상사의 인연과 이치를 엿보는 재미가 있어 하나씩 내 마음속에 정리하여 왔다.

내가 말하고 싶은 생각도 있다. 인간 존중과 평범한 우리 일상의 소중함이다. 나는 가치는 본래부터 내재하여 있는 것이 아니라 우리가 만들어 주는 것이라고 생각한다. 예를 들면 우리가 배우자를 만날 때 수십억 명이나 되는 남자나 여자 중에서 가장 가치가 있어서 선택하는 것이 아니다. 그러나 결정하고 일단 내 짝이 되면 이 세상의 무엇과도 비교할 수 없는 소중한 사람이 된다.

소소한 일상생활이 얼마나 행복하고 소중한가? 이 책 〈항주 서호의 인상〉에서 인간이 되려고 갈망하는 백소정에게 관세음보살은 8개 눈물방울을 모으라고 한다. 무너진 뇌봉탑에서 아내가 모은 일곱 개 눈물방울 보석 앞에서 연민과 참회로 흘린 허선의 눈물로 마침내 8개가 되어 백소정은 그제야 인간이 된다. 삶의 어려움과 고통을 극복하면서 성숙하게 되어, 이 세상 모든 것에 사랑과 자비심의 눈물을 흘릴 수 있을 때 비로소 참 인간이 되는 것이다. 내 글이 소소한 일상에 가치를 주는 한줄기 위안이 되었으면 한다.

1970년대 의대생 시절 한적한 대학로 밤에 나지막한 소리로 흐르는 개천을 '미라보 다리'로 건너고 하늘에 떠있는 별을 보면서 독서와 학문에 대해 다짐을 했었다. 지금, 나는 별과 다리가 사라지고 화려한 네온사인 아래 상가와 식당으로 가득한 대학로에 서 있다. 밀려드는 인파 속에서 도로 밑을 흐르고 있을 '센 강'처럼 내 마음속에 흐르고 있는 다짐을 잃지 말아야지 생각한다.

이것이 앞으로도 계속 글을 쓰는 이유이다.

소소한 일상 속 한줄기 위안

초판 1쇄 발행 2012년 10월 31일
초판 3쇄 발행 2014년 2월 27일

지은이 정준기
펴낸이 박성주
책임편집 박정혜
편집디자인 이한나 · 송하나
교정 한수빈
펴낸곳 도서출판 지누
출판등록 2005년 5월 2일
등록번호 제313-2005-89호
주소 121-737 서울시 마포구 마포동 35-1 현대빌딩 908호
전화 02-3272-2052 **FAX** 02-3272-2053
홈페이지 www.jinubooks.com
전자우편 seongju7@hanmail.net
인쇄·제본 (주)갑우문화사

값 15,000원

ISBN 978-89-957903-6-6